**A ceux qui souffrent...**

Copyright © 2018

**Éditions Unicursal Publishers**
www.unicursalpub.com

ISBN 978-2-924859-43-8

Première Édition, Imbolg 2018

Tous droits réservés pour tous les pays.

# AIMÉE BLECH

# A ceux qui souffrent...

## QUELQUES POINTS
## DE L'ENSEIGNEMENT THÉOSOPHIQUE

Classiques Théosophiques

UNICURSAL

# A CEUX QUI SOUFFRENT...

« Laisse ton âme prêter l'oreille à tout cri de douleur, comme le lotus met son cœur à nu pour boire le soleil matinal,
« Ne permets pas à l'ardent soleil de sécher une seule larme de souffrance avant que tu n'aies toi-même essuyé les yeux affligés,
« Mais laisse toute larme humaine tomber brûlante sur ton cœur et y rester, et ne l'en efface pas avant que ne soit disparue la douleur qui l'a causée. »
*(La Voix du Silence.* [1] *)*

Vous tous qui souffrez, ô mes frères et mes sœurs en humanité, quelle que soit la nature de vos épreuves, de vos douleurs, une âme qui a souffert, elle aussi, vous adresse ces quelques pages avec le désir ardent de soulager vos angoisses, de vous apporter un peu d'espoir, de faire luire un rayon consolant dans vos ténèbres...

---

1  Par H.-P. Blavatsky.

Une restriction, cependant... Il en est parmi vous qui no se soucieront point de ces consolations, qui n'en ont nullement besoin, soutenus, comme ils le sont, par leur foi robuste, par la religion qu'ils professent ; ceux-là ont trouvé aux pieds de la Croix ou de tout autre symbole religieux, les consolations auxquelles leur âme aspirait.

Aussi je ne m'adresse à eux que pour leur dire :

« Vous faites bien de rester fidèles à ce que vous croyez, si vous y croyez sincèrement ; fidèles à votre foi, si elle vous suffit, si elle vous donne la paix et la consolation. Je n'ai rien de plus à vous offrir. »

Je m'adresse ici à ceux qui n'ont pas de religion et à ceux qui n'en n'ont plus, à ceux dont les doutes ont lentement ou brutalement déraciné la foi ; à ceux auxquels cette foi, cette Confession, quelle qu'elle soit, ne suffit plus pour les fortifier dans l'épreuve, pour leur expliquer les injustices apparentes de la vie. A ceux-là, je voudrais, en ce petit livre, expliquer ce qu'est la souffrance, quels en sont l'origine et le but et en indiquer le remède. Encore bien novice dans cette science de l'âme, dans cette Sagesse divine que nous appelons la Théosophie, je ne saurai tirer de ses enseignements que de pauvres indications. Le désir qui me pousse est celui de porter aide à quelques-uns de mes frères ; si je ne réussis pas, que l'on ne s'en prenne qu'à moi et à mon ignorance, et non à la Théosophie.

Vous tous qui souffrez, n'oubliez pas que vous n'êtes pas seuls à souffrir et, tout en portant douloureusement votre fardeau de misères, cherchez à alléger celui des autres ; ne vous renfermez pas dans une douleur égoïste et stérile. La souffrance n'est-elle pas le lot commun de l'humanité ? A chaque pas nous nous rencontrons avec cette souffrance, tantôt muette, cachée, tantôt s'exhalant en plaintes désespérées. Si vous prêtez l'oreille, vous entendrez, dans la rumeur des grandes villes, le gémissement de toutes les douleurs physiques et morales. Pauvre humanité ! pauvre et malheureuse humanité !... Mais, en même temps, glorieuse humanité ; car ses douleurs sont celles de l'enfantement... car elle enfante la Divinité !...

Le moment n'est pas encore venu ici de parler du but de la souffrance. Et avant de la voir, cette souffrance, dans son ensemble, dans sa collectivité, écoutons d'abord la litanie des douleurs individuelles.

O vous, mon frère, vous portez le poids de la pauvreté, de la misère ; vous n'avez point d'abri et de pain assuré ; vous ne connaissez point de jour qui n'ait son angoisse du lendemain. Les longues stations dans la pluie ou dans la neige, les nuits passées en plein air, les demandes formulées, de porté en porte, pour obtenir de l'ouvrage, les luttes matérielles, les privations de toutes sortes : voilà votre lot, et il est bien pénible !

Vous, mon frère, vous avez perdu tout ce qui faisait votre bonheur : celle que vous adoriez, un autre vous-même. L'existence ne vous est plus qu'un fardeau insupportable. Vous connaissez le vide des journées mornes, l'angoisse des longues insomnies, des appels déchirants auxquels le silence seul répond ; vous connaissez le réveil, encore plus amer, qui suit de brèves heures de sommeil... Et vous, pauvre mère, il y a quelques semaines encore, vous berciez un ange dans vos bras ; vous baisiez follement les pieds nus de votre enfant. Et voici qu'une tombe s'est ouverte, puis refermée sur la chair de votre chair. Et la révolte gronde en vous ; le sombre problème de la mort vous ronge incessamment le cerveau...

Vous, mon frère, une maladie chronique sans espoir vous rive à un lit de douleur, à un fauteuil d'invalide. Pas de jour que vous ne souffriez cruellement dans votre corps, que vous ne souffriez plus cruellement encore dans votre âme de la dépendance où vous vous trouvez, de votre impuissance, de votre inaction. En vérité, votre croix est lourde !

Vous, pauvre enfant, vous avez été trompée dans vos plus pures affections. Celui en qui vous placiez votre confiance n'était qu'un « sépulcre blanchi », et, en pénétrant un jour dans ce repaire, vous avez été frappée au cœur. De cette expérience cruelle il vous est resté une profonde amertume ; tout ce qui en vous était amour, joie et chant est devenu haine, mépris et rancune. Et c'est une douleur qui fait de la vie un enfer.

Et vous, ma sœur, qui ne sembliez cependant le mériter en aucune façon, la calomnie vous a poursuivie sans cesse, mettant obstacle à vos projets, à votre bonheur, vous enlevant des affections, cherchant à souiller vos actions les plus pures. Cela aussi est une dure épreuve, épreuve qui vous révolte par son injustice.

Vous, mon frère, vous rêviez les ivresses de la gloire, de la célébrité, peut-être rêviez-vous un grand avenir artistique. Or, votre destinée, ironiquement, vous condamne à l'ombre, au silence, à de petits labeurs humiliants, à des devoirs mesquins. — Votre soif d'idéal ou d'héroïsme est raillée ; à toute heure de nouveaux froissements vous attendent, une nouvelle contrainte pèse sur vous ; à toute heure il vous faut vous courber devant cette destinée vulgaire, avec la révolte et le dégoût dans l'âme.

Quant à vous, ma sœur, vous pleurez dans la solitude. Vous vous connaissez des trésors de tendresse, et vous êtes obligée de les renfermer en vous-même. Vous n'avez point de mère pour vous bercer sur son cœur, point de mari pour vous envelopper d'un amour tendre et fort, point d'enfants pour leur tendre des bras maternels. Vous avez soif d'affection, et cette soif vous dévore nuit et jour ; nuit et jour votre isolement vous semble plus lourd à supporter.

A vous, mon frère... Pourquoi cette attitude de désespoir ? Ah ! je comprends ! Vous pensiez avoir enterré un passé plein de défaillances, de fautes ; vous pensiez avoir réussi, après des luttes pénibles, à dominer les emportements de la nature inférieure ; vous croyiez avoir trouvé la paix, votre âme était pleine de joie, de chants et d'aspirations spirituelles. Et voici qu'à l'occasion d'une tentation soudaine ce passé mort ressuscite, les ennemis vaincus se redressent, plus forts et plus puissants ; la nature inférieure réclame ses droits. Vous ne vous êtes élevé que pour tomber de plus haut La honte vous écrase ; vous êtes là, vaincu, accablé, n'osant songer à l'avenir qui vous préparé peut-être de nouvelles chutes...

Vous, ma sœur, c'est dans votre foi que vous souffrez. Cette foi n'était point bâtie sur le roc, et « la lettre qui tue » les dogmes étroits, étouffants de l'orthodoxie, l'hypocrisie de votre entourage ont tôt fait delà renverser. En vain vous tâchez de vous y rattacher. En vain vous regrettez le Dieu de votre enfance; vous ne savez plus prier, vous ne pouvez plus prier; le ciel désert a perdu pour vous toute sa beauté, toute sa grandeur. En vain vous frappez à toutes les portes, demandant la vérité; vous ne' trouvez partout que doutes et que ténèbres.

Quant à vous, mon frère plus noble encore est votre douleur, car elle est impersonnelle. Vous souffrez pour l'humanité. Vous la voyez si malade cette pauvre humanité!... Vous creusez douloureusement le problème décourageant du paupérisme; vous étudiez, le cœur serré, les crises sociales et morales dans lesquelles nous nous débattons, sans issue apparente; vous songez à toutes les misères qu'il est impossible de soulager, à tous les crimes qui se commettent dans l'ombre, à cette soif de jouissances qui fait de l'égoïste une bête féroce; vous songez à tous les excès qui pourraient être évités, aux catastrophes futures qui pourraient être prévenues si la pureté, la droiture et la justice étaient mieux représentées parmi nous. Votre impuissance vous accable et l'angoisse étreint votre cœur. Volontiers vous feriez le sacrifice de votre vie pour cette humanité, esclave de ses passions, ignorante et malheureuse. Et ce cri vous échappe : « Pourquoi le mal ? pourquoi l'injustice ? pourquoi la souffrance ? »

Dans cette litanie de douleurs terrestres, combien en ai-je oubliées, combien en ai-je omises ? douleurs d'agonie lancinantes, douleurs torturantes et secrètes qui se cachent dans l'ombre... Combien d'entre-vous, ô mes frères souffrants, se diront en me lisant : « Elle n'a pas deviné ; elle ne se doute pas de telle ou telle douleur, de telle épreuve plus cruelle encore, de telle croix plus pesante que toutes celles qui sont décrites ici. »
N'oubliez cependant pas que, presque toujours, notre croix nous paraît plus lourde que celle des autres ; telle affliction, qui est le lot de notre prochain, nous semblerait plus légère à porter, et nous ne sommes que trop enclins à rapetisser les épreuves d'autrui en comparaison des nôtres. Cela est profondément humain.

Et remarquez le choix que nous faisons dans les souffrances de nos frères. Celles avec lesquelles nous sympathisons le plus vivement sont toujours celles qui ressemblent aux nôtres... Cela aussi est profondément humain.

Mais je ne suis pas venue à vous, mes frères et mes sœurs, pour faire de la psychologie, pour analyser les divers aspects de la souffrance en vous. Il me la faut prendre, ici, à un point de vue purement théosophique. Je vous dirai donc quelle en est, selon nous, la cause et quelle en est l'utilité, et finalement je vous parlerai de son but. Je serai naturellement obligée de traiter, en passant, quelques points de l'enseignement théosophique. Puissent-ils vous éclairer comme ils m'ont éclairée !

Question bien ardue à traiter que ce problème de la souffrance, question vitale cependant, car elle touche directement tout être humain. Pas une créature au monde qui n'ait sa part de souffrances ; nul progrès véritable ne s'accomplit sous la souffrance ; nul être parvenu aux sommets glorieux de l'Évolution qui n'ait foulé, à travers les âges, le rude sentier de la douleur.

« La souffrance est-elle donc une loi ? » me direz-vous. Non ! elle n'est pas une loi ; — si elle en était une, elle serait de notre propre création et non de celle de Dieu. La souffrance n'est que le résultat inévitable de toute violation de la Loi divine ; toute créature qui souffre, souffre parce qu'elle a violé la Loi, soit dans cette vie, soit dans une existence passée et il rie lui est pas plus possible d'éviter cette souffrance qu'il n'est possible, à un enfant, de toucher au feu sans être brûlé. Toutes nos souffrances sont doue la conséquence de nos actions, de nos paroles ou de nos pensées mauvaises, soit actuelles, soit antérieures.

Cette déclaration nous met tout de suite en présence des deux grandes lois qui forment la base de l'Enseignement théosophique, comme celle de plusieurs religions de l'antiquité : la loi de l'Évolution, dans laquelle est comprise la Réincarnation, et la loi de Causalité.

Ces deux grandes lois, que la Théosophie rapporte au monde moderne, nous aideront à comprendre les causes d'utilité de la souffrance.

Mais votre première question sera tout naturellement celle-ci : « Qu'est-ce donc que cette nouvelle religion, laquelle, surgie soudainement, prétend révéler la vérité au monde ? »

La Théosophie n'est point une religion nouvelle : elle ne prétend même pas être *une religion*. La Théosophie a existé de tous temps, comme base et comme synthèse de toutes les religions et de toutes les philosophies religieuses. Elle est une science de l'âme : c'est la Sagesse antique qui se rappelle aux temps modernes. Elle ne prétend pas, cette Sagesse antique, faire échec aux religions actuelles, se poser comme leur antagoniste. Non, son but, au contraire, est *de s'unir à elles* dans la lutte contre le matérialisme et *de les unir entre elles* en même temps : car chacune déclare avoir le monopole de la vérité, et ne sait pas reconnaître, chez les autres, cette même vérité sous des aspects différents.

La Théosophie désire être une aide aux religions, agrandir leur horizon trop souvent limité, les réconcilier avec la science, éclairer leurs symboles aujourd'hui oubliés ou méconnus, infuser une vie nouvelle dans leurs enseignements. Vers ces religions elle vient, les mains ouvertes, riche de connaissances qui vont toujours s'agrandissant. Voilà, en deux mots, ce qu'est la Théosophie et quel est son rôle.

Retournons maintenant aux deux grandes lois dont je vous parlais tantôt, et arrêtons-nous premièrement à la loi de l'Évolution universelle, ou plutôt à la Réincarnation qui en découle tout naturellement.

La croyance en les vies successives de l'âme est aussi vieille que le monde. Les religions antiques de l'Inde l'ont enseigné; Pythagore, Platon et les néo-platoniciens l'ont affirmée; quelques Pères de l'Église y croyaient, et Jésus en a fait mention à ses disciples, ainsi que plusieurs passages des Évangiles en témoignent.

Si vous considérez, à un point de vue moral, cette conception des vies successives de l'âme, vous la trouverez infiniment plus rationnelle, plus juste et plus satisfaisante que n'importe quelle théorie orthodoxe ou philosophique. Dans sa grandeur consolante, dans sa justice parfaite, comme elle laisse loin derrière elle cette affreuse doctrine de la prédestination qui fait un bourreau du Dieu d'amour! Quoi! Dieu créerait les âmes pour le vice autant que pour la vertu! Il créerait une âme pure et vertueuse de tendances, la placerait dans un milieu sain et là conduirait paternellement au paradis, après l'avoir fait cheminer par une route facile et unie? Cette autre âme Il la créerait douée d'instincts mauvais, vicieux; Il la placerait dans un entourage malsain, en contact avec des vices abjects, ce qui conduirait fatalement cette âme au crime ? Mais... le criminel ne serait-il pas Dieu lui-même, dans ces conditions ? Qui peut encore admettre une doctrine aussi effroyablement injuste, monstrueuse ? doctrine qui fait dire à tant d'indignés : « Si c'est là votre Dieu, je n'en veux point. Je préfère un ciel désert au ciel où règne un bourreau ! »

Hélas ! le christianisme si grand, si pur à son origine, si véritablement la religion d'amour et de sacrifice, donné à l'Occident par cette figure admirable du Christ... le christianisme a été, en bien des points, indignement travesti et défiguré par de faux chrétiens, des chrétiens qui portaient le nom, mais qui ne suivaient pas les lois de leur divin Maître...

Non ! les âmes ne sont point créées vicieuses ou vertueuses ; ne faisons point cette injure au Père de toutes les créatures humaines. Les âmes sont telles qu'elles se sont créées elles-mêmes, dans un long passé d'existences se succédant les unes aux autres. Les âmes vertueuses sont des âmes avancées dans le chemin de l'Évolution, des âmes, qui, dans des milliers de vies passées, ont appris les leçons de l'expérience ;

qui, après des siècles de luttes, ont vaincu leur nature inférieure, développé lentement les vertus qu'elles possèdent aujourd'hui. Les êtres vicieux, cruels et faibles tout à la fois, sont des âmes jeunes qui n'ont pas encore la notion du bien et au mal ; et dont la conscience — résultat des expériences innombrables du passé — ne s'est pas encore développée... Ces âmes jeunes ont beaucoup à apprendre à la rude école de la vie, à l'école de la souffrance.

Voici donc ce que nous, théosophes, nous affirmons : — prenez comme une hypothèse l'idée que je vais vous présenter, si vous voulez, mais ne la rejetez pas avant de l'avoir étudiée sous toutes ses faces — les différences innombrables qui séparent les âmes entre elles ne sont que des différences d'âge. Il y a, entre toutes les âmes, des degrés infinis d'âge et de développement. Plus une âme est jeune, plus elle est ignorante, impulsive, esclave de ses passions, de ses désirs, moins sa conscience parle, moins elle possède la notion du bien et du mal, moins elle est capable de raisonner. Mais, à mesure que l'âme avance dans le chemin de l'Évolution — ce chemin si long, si lent, si monotone dans la première période traversée par l'humanité ! —

à mesure cette âme se transforme, se développe, s'améliore. Tous les corps humains qu'elle a habités, toutes les personnalités qu'elle a revêtues — comme autant de vêtements que Ton rejette lorsqu'ils sont usés — toutes ces personnalités qui la représentent sur la terre, qui sont ses instruments de travail, lui ont laissé, en l'abandonnant, un petit héritage d'expériences. Cet héritage, bien mince dans les débuts, s'accroît à mesure que l'âme se développe. Et toutes ces expériences, la plupart douloureuses, constituent à la longue *la conscience morale*.

Songez aux vies innombrables qui sont nécessaires pour constituer une conscience délicate! Songez aux souffrances qui ont frappé, qui ont martelé cette pauvre âme avant qu'elle ait appris sa leçon! Elle a tant à apprendre!

Or, si la souffrance est la conséquence du mal, ainsi que nous l'avons vu plus haut, le mal est le résultat de l'ignorance. Et l'âme ignorante, entraînée par ses impulsions, par ses désirs, par ses passions brutales comme par des chevaux emportés, l'âme ignorante commet le mal, et le commet encore et toujours, jusqu'à ce qu'à force de souffrir, à force de voir la douleur suivre la mauvaise action, elle commence à raisonner, à tirer une déduction de ses expériences et à éviter le mal.

Voilà le début du raisonnement, les premiers germes de la conscience morale...

Oh ! c'est une conscience bien grossière dans les débuts ! l'âme ne commet plus une certaine action, non parce qu'elle est mauvaise, *mais seulement pour éviter la souffrance qui en résulte.* Avec des âges d'expériences nouvelles et continues cependant, cette conscience se développe et s'enrichit ; et, à mesure qu'elle se développe, l'intelligence aussi se développe et s'affirme, L'évolution se fait plus rapide, Les instincts mauvais ont disparu, les impulsions brutales, irréfléchies, les sensations et les émotions grossières sont devenues des sentiments et des affections ; l'homme, maintenant, est capable de désintéressement dans ses affections ; il a conscience de sa dignité jusqu'à un certain point. Encore des existences, plus ou moins nombreuses, et ce sera un homme de devoir.

Arrêtons-nous un instant ici et comprenons que pour un homme à peine sorti de l'enfance, c'est-à-dire des premières phases de l'évolution, le devoir n'est pas ce qu'il est à *notre degré d'évolution.* Le devoir est essentiellement relatif ; à mesure que nous nous élevons et que notre conscience s'affine, le devoir change d'aspect, se complique, devient plus rigide. Ceci nous oblige à une grande indulgence vis-à-vis de nos frères. Le devoir que *l'on ne sent pas*, dont on n'a pas conscience, n'est pas un devoir. Et, pour le faire, il faut *tout d'abord le comprendre*... Le même raisonnement peut s'appliquer à l'idéal.

Revenons à notre Évolution humaine. Des vies et des vies s'écoulent encore et l'homme de devoir devient un bienfaiteur de l'humanité : l'intelligence fait rayonner son front ; de nobles aspirations gonflent son âme ; un grand idéal d'amour et de justice fait battre son cœur et le conduit à l'oubli de sa personnalité, au sacrifice de ses goûts, de son bien-être. Le principe du Christ [2] se développe en lui. Peu à peu il se détache des affections exclusives pour s'unir étroitement avec le grand Tout, pour s'identifier avec l'humanité et avec Dieu. Puis sa personnalité noyée, dissoute dans ce grand océan de l'Amour universel, il n'aspire plus à vivre que pour ses frères, à revêtir un nouveau corps humain que pour se consacrer au service des hommes. Il n'aspire plus qu'à éclairer, à consoler, à porter par-

---

[2] Ou le principe de l'amour et du sacrifice qui arrive à sa floraison chez les adeptes. Voir page 103.

tout le rameau de la Paix sacrée qui habite en son âme. Et les joies divines que lui procure son union avec le Suprême ont effacé toutes les joies de la terre qui, désormais, le laissent indifférent. Il possède la joie que nul ne peut troubler.

C'est le soleil, éternellement radieux, au-dessus de la tourmente qui fait rage.

L'homme est ainsi prêt à monter, toujours plus rapidement, toujours plus haut, vers les Cimes glorieuses qui couronnent révolution humaine... Il devient enfin le *Maître*. Et cet être qui est *plus qu'un homme*, cet être qui a évolué *le Dieu en lui*, n'en continue pas moins son ascension de gloire en gloire. Si son évolution humaine est terminée, l'évolution divine se poursuit encore, à travers d'autres mondes, à travers d'autres univers. Et le vertige nous prend à considérer cette marche gigantesque. Nous sommes si petits ! notre cerveau est si borné, si étroit ! Comment saurions-nous réaliser toute celle gloire ? Il est plus sage de ne pas l'essayer. Tâchons de nous assimiler le peu que nous puissions comprendre. A mesure que nous grandirons, nous en comprendrons davantage.

Vous médirez ici : « Cette Évolution humaine qui se termine dans la gloire, d'où provient-elle ? quelle est son origine ? »

Son origine, elle est dans la nuit des temps... si loin, si loin de nous ! Et je répondrais volontiers comme Krishna : « Le commencement des êtres vivants est insaisissable [3]. »

La Théosophie, cependant, nous enseigne ceci : Toute âme est un rayon divin, émanant du Dieu manifesté, ou grande Ame universelle. Toute âme est donc Dieu même, en potentialité. Mais c'est un Dieu inconscient de sa divinité, et, pour devenir conscient, il est obligé de passer par toutes les expériences sub-humaines et super-humaines ; il est obligé de descendre jusqu'aux bas-fonds de la matière, pour remonter ensuite jusqu'à la Divinité ; marche descendante ou involution, puis marche ascendante ou évolution, pendant lesquelles s'écouleront des âges sans nombre.

L'âme, ou plutôt la monade — car on ne peut encore l'appeler une âme — s'incarne dans les règnes élémentaires. De là elle passe dans les règnes minéral

---

3   La *Bhagavad Gita*, transcrite par E. Burnouf.

et végétal, d'où une évolution extrêmement lente la conduit au règne animal, qui développe ses premières tendances à l'individualité. Les animaux sont donc bien réellement nos frères inférieurs, comme on les appelle parfois.

Je ne parlerai point ici de cette évolution sub-humaine, si intéressante comme étant la période préparatoire à l'humanité, de cette transformation de la monade en âme individuelle — cela nous mènerait trop loin. — Voyons plutôt les déductions qui sont à tirer de cet essai, par lequel j'ai tâché de vous faire comprendre la doctrine de la réincarnation.

Nous avons vu, tout à l'heure, que la souffrance est la conséquence du mal, de la violation de la loi et que le niai est le résultat de l'ignorance. L'ignorance, voilà donc la base, la racine du mal, et pour détruire la souffrance il faut couper cette racine, il faut détruire l'ignorance. Or, comment l'ignorance se détruit-elle ? comment est-elle remplacée par le fruit merveilleux de la sagesse ? — Par les expériences [4]. — Et ces expériences, comme je vous l'ai dit, sont, pour la plupart,

---

4    Expériences dans tous les domaines, non seulement dans le physique.

des souffrances. Nous voici donc amenés fatalement à cette conclusion. La souffrance est utile ; elle est bénie ; elle est une condition favorable, un élément nécessaire à l'évolution humaine. Sans la souffrance, qui enrichit notre conscience, qui forge, sans pitié, nos âmes au début de l'évolution cette évolution serait infiniment plus lente. Car la conscience embryonnaire se développe plus rapidement dans la tourmente ; elle se développe plus rapidement lorsque l'âme est secouée par des émotions brutales, lorsqu'elle est meurtrie par le choc des passions, par tous les heurts de la vie extérieure. La souffrance est donc indispensable aux débuts de l'évolution humaine et elle est utile pendant toute la durée de cette évolution. Toujours plus intense, plus affinée à mesure que nous grandissons, elle est la fournaise où nous laissons toutes les scories de nos passions inférieures, de notre égoïsme ; elle est encore l'École de l'amour et de la sympathie. Si elle aigrit parfois, plus souvent elle développe, dans les cœurs, le germe d'une tendre pitié pour tout ce qui souffre. Celui qui n'a jamais souffert — existe-t-il parmi nous ? — pourra-t-il tendre les bras à son frère malheureux, pleurer avec celui qui pleure, trouver les paroles douces, apaisantes, qui mettent un baume sur les blessures ?

Pourquoi donc cette crainte exagérée de la souffrance ? pourquoi cherchons-nous à l'éviter à tout prix ?...

Il semble que ce soit là l'une des caractéristiques de notre époque. Nous inventons des remèdes pour les moindres maux.., car nous ne savons même plus supporter une migraine !... nous évitons le contact de la misère, l'atmosphère des pauvres mansardes, nous évitons la lecture de scènes répugnantes de vivisection, ou la peinture de l'esclavage misérable où végètent tant de femmes, nos sœurs — et tout cela pour ne pas alarmer notre cœur sensible...

Sans le mal, la souffrance n'existerait pas. Or, comme la souffrance est utile, comme elle favorise le développement de l'âme, par conséquent le mal aussi a son utilité... Je vous vois ici vous récrier : « Quel principe immoral ! » — Pourquoi donc immoral ? Il n'y a de réellement immoral que ce qui retarde l'homme, si vous réalisez l'action de la grande Loi évolutive. Pour nous, théosophes, la véritable moralité consiste à marcher toujours en accord avec cette grande Loi, à suivre le courant qui monte. Le mal, c'est en réalité tout ce qui nous retarde, tout ce qui fait obstacle à ce courant puissant, tout ce qui contrarie l'évolution universelle ou individuelle. Qu'y a-t-il de plus relatif que le mal ? Les passions, l'égoïsme, l'ambition qui sont des stimulants nécessaires aux *âmes-enfants*, qui leur apprennent la lutte, d'où naît la force, qui développent en elles le principe de l'intelligence, qui les poussent en avant, est-ce là le mal ? Un bien inappréciable en découle ; l'évolution de ces âmes en est hâtée ; *à leur stade de développement*, l'insuffisance de mentalité empêche toute profondeur dans le mal. Mais les passions, l'égoïsme, l'ambition *à notre degré actuel d'avancement*, voilà le mal, car notre mentalité a grandi et, en nous y livrant, nous retardons notre marche, nous nous liguons consciemment contre la grande Loi et, si nous persistons à le faire, elle nous brisera forcément.

L'âme-enfant a souvent intérêt à passer par l'expérience du mal, parce que du mal résulte la souffrance, et que la souffrance lui montre qu'elle a marché contre la loi.

Comment apprendre à une âme à dominer ses passions, sa nature inférieure, si elle n'a pas souffert de ces passions et des terribles résultats du joug de la nature inférieure ?

D'un autre côté, quel moteur ferait agir, ferait avancer une âme jeune, si elle n'était pas stimulée par l'égoïsme, par l'ambition ? La feriez-vous avancer par le sentiment du devoir, par un idéal quelconque, par l'idée du sacrifice ?... Mais elle possède à peine la notion du bien et du mal !... elle ne vous comprendrait même pas ! Ce qu'il lui faut, ce sont des motifs proportionnés à son degré d'intelligence, L'enfant s'amusera-t-il avec des livres scientifiques, avec des instruments de chirurgie ? « Comment pourriez-vous apprendre ce qui est juste, si vous ne connaissiez pas ce qui est injuste ? » dit M$^{me}$ Besant, dans un de ses derniers livres. « Comment pourriez-vous choisir le bien si vous ne connaissiez pas le mal ? Comment reconnaîtriez-vous la lumière s'il n'y avait pas d'obscurité ?.., L'évolution de la force ne peut se faire que par la lutte, le combat, l'effort, l'exercice. C'est le fouet de la souffrance, de la déception qui nous pousse en avant et fait surgir les forces de notre vie interne, lesquelles, autrement, resteraient à l'état latent. »

En résumant ce que j'ai dit : pour nous, théosophes, le mal consiste en tout ce qui retarde l'évolution de l'homme, en tout ce qui fait barrière à son progrès. Or, quand le mal hâte le progrès et hâte l'évolution, ce n'est plus un mal, mais une nécessité. Soyons donc indulgents pour les âmes jeunes, autant que sévères pour nous-mêmes. Elles apprennent leurs leçons ; nous en avons d'autres à apprendre, qu'elles apprendront un jour à leur tour. Quand ces idées auront mûri dans votre esprit, vous verrez combien s'éclaire ce douloureux problème du mal.

Si, en me lisant, quelqu'un d'entre vous me disait : « Puisque le mal est un bien, je puis donc satisfaire mes passions sans scrupules », certes il m'aurait bien mal comprise. Soyez-en sûrs, pour vous tous qui lisez ces lignes, le mal n'est plus un bien. Dès que vous le réalisez *comme étant le mal*, dès que vous en avez conscience, il ne peut que vous nuire et vous retarder.

Il y a donc, dans notre humanité, des âmes de tous les âges, des âmes à tous les degrés de développement. Il y a des hommes-enfants comme il y a les Hommes divins arrivés au faîte de l'Évolution humaine, ceux que nous appelons les *Maîtres*, avec un si profond respect. Voilà qui réduit à néant cette prétendue égalité que tant d'hommes revendiquent ! Comment établir l'égalité dans la société, quand elle n'existe pas dans la nature, dans l'univers ? Il y aura toujours, comme dans la famille humaine, des petits et des grands ; il y aura toujours des ignorants et des hommes instruits, des êtres purs et des êtres dégradés ; le génie coudoiera toujours l'idiot.

Mais si cette grande loi de l'Evolution nous confirme dans ce principe, à savoir que l'égalité entre les hommes n'existe pas, ne saurait exister pour le moment, elle nous donne par contre une grande leçon : celle de la fraternité, de la solidarité humaine.

Tous nous avons franchi les degrés inférieurs de l'évolution ; tous nous avons passé par des formes animales, par des états de conscience analogues à ceux des animaux. Nous avons donc un devoir vis-à-vis de ceux-ci : le devoir de les traiter avec humanité, avec compassion ; de ne point abuser de leurs services ; de les aider dans leur évolution par des procédés affectueux. Ceux qui aiment les bêtes, qui vivent avec les bêtes, savent combien elles sont susceptibles de développement par l'affection. A force d'aimer, elles deviennent presque humaines de bonté, de réflexion et d'intelligence.

C'est très justement qu'on les nomme nos frères inférieurs ou encore « des candidats à l'humanité » et le droit dont nous nous targuons vis-à-vis d'elles n'est autre que le droit du plus fort.

Voilà pour les animaux. Montons de plusieurs degrés. Tous nous avons franchi les ères primitives de l'Évolution humaine ; tous nous avons fait le mal, semé la souffrance autour de nous par la satisfaction de nos désirs égoïstes ; peut-être avons-nous été lés pires criminels, tout au moins avons-nous connu l'ignorance la plus grossière. Notre devoir est donc d'aider nos frères-enfants, nos frères plus jeunes, d'élever leur niveau moral, de combattre l'ignorance sous toutes ses formes.

A tous les degrés de l'échelle un devoir s'impose : devoir envers nos frères plus jeunes, devoir envers nos égaux, devoir envers nos supérieurs.

La fraternité, la solidarité humaines remplacent avantageusement l'égalité. Car, là où l'égalité maintient la haine, le soupçon, la défiance, la fraternité a les mains ouvertes et pleines d'amour. Cet admirable principe est un des privilèges et l'une des forces de notre Société Théosophique, aujourd'hui répandue dans le monde entier : il implique moins l'aide matérielle, donnée d'ailleurs un peu partout par d'autres sociétés purement philanthropiques, que l'aide morale, intellectuelle, spirituelle [5].

Imaginez nos innombrables vies terrestres comme une ascension grandiose vers des sommets en appa-

---

[5] Comme Société, la Société Théosophique se doit au but spécial pour lequel elle a été créée, et toutes ses ressources doivent converger vers le secours spirituel, car seule la lumière peut disperser l'ignorance, et c'est l'ignorance qui est cause de tous les maux. En concentrant ainsi ses efforts, elle s'attaque à la racine du mal, et, quand là sève de l'arbre, vénéneux sera tarie, la misère physique disparaîtra d'elle-même. Si au contraire, elle consacre ses ressources pécuniaires à donner du pain aux affamés, elle sortira de son rôle et, comme tant d'autres Sociétés de bienfaisance, dont l'utilité est incontestable, elle se contentera d'émonder les rameaux desséchés, sans tarir la source même du mal.

rence inaccessibles. La neige éblouissante de ces pics ne peut être aperçue que par les voyageurs les plus avancés : nos frères aînés, qui montent d'un pied ferme, sans se laisser détourner de leur but ; les frères les plus jeunes, les enfants de l'humanité, marchent encore à tâtons dans la vallée obscure, se laissant attarder par mille obstacles, inconscients de la route à suivre. L'humanité moyenne, à des degrés infinis de développement, précède les âmes-enfants, et suit les aînés, bon gré, mal gré, ou en pleine confiance, dans ce pèlerinage incessant dont elle ne distingue ni l'origine, ni le but.

Dans cette ascension, la fraternité doit être considérée comme une chaîne immense dont chaque être humain est un chaînon. On ne peut monter seul ; on a toujours quelqu'un à suivre et quelqu'un à guider. A celui qui vous tend la main, pour vous aider à franchir une crevasse, vous devez, comme un acte de gratitude, de tendre la vôtre à cet autre qui soupire derrière vous, accablé par la fatigue ; — car l'humanité est *Une* et tout secours donné à l'un de ses enfants est donné à tous, et ce n'est pas toujours à celui qui vous a obligé que vous payez votre dette.

Ce rêve de fraternité universelle, tâchons de le mettre en action. Sentons vibrer en nous chaque être de la Création ; identifions-nous avec chacun de nos frères ; le peu que nous savons, mettons-le à leur service. Et, si un rayon de la grande Vérité a jailli sur notre routa, goûtons la joie infinie de le répandre sur d'autres existences. C'est en travaillant au bien d'autrui que nous avancerons nous-mêmes vers ce but lointain, but dont nous ne pouvons imaginer que bien vaguement la gloire éblouissante.

Avant de passer à l'étude de la grande loi de causalité, complètement inséparable de la loi de l'Évolution et de la réincarnation, et qui éclairera singulièrement pour nous le problème de la souffrance, je voudrais répondre à une ou deux objections qui souvent m'ont été faites et qui, peut-être, viendront à l'esprit de quelqu'un d'entre-vous.

« Pourquoi l'homme, me direz-vous, pour atteindre l'état divin, a-t-il besoin de traverser toutes ces expériences, de se plonger dans le mal, de subir la souffrance ? Si Dieu est puissance et amour, pourquoi n'a-t-il pas créé l'homme, dès l'abord, parfait, lui épargnant ainsi ce long pèlerinage de douleurs ? »

Certes le Logos, c'est-à-dire Dieu, aurait pu créer l'homme parfait. Il ne l'a pas voulu, car créer de toutes pièces un homme parfait, c'était créer une machine, un automate. Dieu a donné à l'homme le libre arbitre ; il a voulu qu'il arrivât par lui-même, par ses propres expériences, à la connaissance, à la *Soi-conscience* et finalement à la Divinité ; il a voulu que l'homme connût le mal et la souffrance; qu'il traversât les épreuves pénibles, nécessaires au développement de sa conscience morale. Il a voulu que l'homme fut un être libre. Il a voulu qu'en s'élevant il pût s'identifier avec toutes ses faiblesses passées, toutes ses douleurs passées, afin de sympathiser avec celles de ses frères et afin que la fleur divine de la compassion vînt à s'ouvrir en lui, le préparant au rôle sublime de Sauveur du monde. — Il l'a voulu, non pas au sens ordinaire du mot, mais au sens de nécessité.

Ici, je me vois obligée, pour être comprise, de vous dire quelques mots du Sacrifice divin qui a présidé à la création de notre Univers.

Selon la Théosophie, le Sacrifice divin, *la Rédemption véritable* — dont la Rédemption chrétienne n'est qu'un reflet — c'est l'œuvre de Dieu, l'Être suprême, qui, dans son amour infini, dans la plénitude de Sa joie, de Sa gloire et de Sa majesté, se limite, s'emprisonne volontairement dans toutes les formes de Sa création. Son but, c'est la multiplication divine, c'est la production de milliards sans nombre d'êtres, qui, en se développant graduellement, apprennent qu'ils sont des centres dans le grand Centre, des *moi* dans le grand Moi, des dieux en Dieu. Il est réellement le *Père*, beaucoup plus que nous ne pourrions l'imaginer, puisque Sa vie est partout, puisque cette Vie divine est en nous, comme dans les plus humbles productions de son Univers ; réellement le *Père* puisque Sa Conscience infinie englobe toutes nos consciences et vibre en elles. Il est en nous et nous sommes en Lui.

Pour vous expliquer ce fait, je ne puis trouver d'autre comparaison que celle-ci : notre corps physique a sa vie propre. Or il est composé de petites cellules, et toutes ces cellules ont leur vie individuelle, leur indépendance également ; toutes ces cellules naissent, se développent et meurent, Et, bien qu'ayant leur vie propre, elles font partie de la vie collective du corps, lequel a conscience des impressions perçues par ces cellules, et les enregistre comme étant des impressions personnelles.

Ainsi la Conscience infinie de Dieu prend contact avec nos consciences infinitésimales ; ainsi Sa Conscience omnisciente, omniprésente perçoit, reçoit les impressions qui nous touchent, les impressions de chacun de ces atomes, que nous sommes, comparativement à Lui. « Les cheveux même de votre tête sont comptés. » a dit le Christ.

Quelques petits, mesquins, incomplètement développés que nous soyons, si nous avons eu un jour, comme dans un éclair, la vision de ce Sacrifice divin, de cette Rédemption grandiose, la flamme du sacrifice s'allume aussitôt dans notre âme. Nous aussi, nous désirons faire écho à cette grande voix d'amour ; nous rêvons de participer à cette Œuvre immense de salut, de nous donner tout entiers, corps, âme et intelligence, au service du divin Maître et des agents de Sa loi.

Mais hélas ! nous sommes si petits que nous ne pouvons planer qu'un instant dans ces hauteurs... nous retombons dans notre vie d'égoïsme et de platitudes, et la flamme pure s'éteint, faute d'avoir été alimentée.

Si vous avez compris maintenant par quel sacrifice l'Univers a été créé et évolue : par la limitation de l'Infini, de Dieu, par le don volontaire de l'Être suprême, vous comprendrez aussi que cette limitation temporaire [6] crée l'imperfection temporaire. Dans les conditions où Dieu s'est placé, par amour pour nous, il ne peut agir en désaccord avec la loi de l'Évolution. Il ne peut créer de toutes pièces un homme parfait, un homme divin, mais il peut donner à l'homme, en lui infusant Sa propre vie, toutes les potentialités divines.

L'homme est un dieu inconscient de sa divinité ; il ne peut devenir conscient, comme je l'ai dit plus haut, qu'après avoir traversé tous les stades de l'évolution, après avoir mordu au fruit de l'arbre du bien et du mal,

---

6   Temporaire, parce que sa durée est celle de l'évolution complète d'un Univers.

après enfin que les germes de l'intelligence, de la force et de l'amour, ces potentialités divines en lui, se sont transformés en qualités individuelles.

Nous avons vu que la souffrance est un levier puissant pour nous élever au-dessus de la fange de nos passions ; nous avons vu qu'elle est une condition favorable, nécessaire même au progrès ; qu'elle est la grande éducatrice humaine. Nous avons vu que, de même que le mal a sa source dans l'ignorance, la souffrance a la sienne dans le mal. Et non seulement cette règle est générale, mais elle s'applique encore à tons les cas individuels et particuliers. Nos douleurs, quelles qu'elles soient, sont le résultat de mauvaises pensées ou d'actions répréhensibles, que nous nous en soyons rendus coupables dans cette vie, ou dans une vie antérieure.

Nous voici donc en face de cette autre grande loi appelée, par les Hindous, *Karma*, loi qui est le complément indispensable de la loi de Réincarnation. On peut lui donner divers noms : loi de rétribution, loi de causalité, ou encore la Justice immanente. Ces divers noms vous feront comprendre déjà son fonctionnement et son rôle.

Et si vous saisissez ce rôle et celle action du *Karma* dans la grande vie collective de l'humanité, comme dans voire petite vie individuelle, vous verrez le problème de la souffrance s'éclairer merveilleusement ; vous aurez résolu le mystère de toute destinée humaine ; vous verrez resplendir la Justice divine partout où, le cœur martelé par l'angoisse, vous ne voyiez qu'injustice et [7] qu'iniquité.

Il semble que cette vérité ait quelque chose de familier pour nous. Cherchez bien N'avez-vous pas souvent lu ces mots de saint Paul, le grand initié chrétien : « Ne vous y trompez pas : on ne se joue point de Dieu ; ce que l'homme a semé, c'est ce qu'il moissonnera aussi. » Voilà la morale du *Karma* en quelques lignes. C'est la loi de la cause et de l'effet : tout effet provient d'une cause ; toute cause engendre un effet ; et l'effet est proportionné à la cause qui l'a engendré...

Toutes les souffrances sont des dettes que nous payons soit aux hommes, soit à la Loi divine elle-même. Les êtres que nous avons fait souffrir dans le passé, le *Karma* les place sur notre route, dans notre vie actuelle, comme obstacles conscients ou inconscients à notre bonheur, comme instruments de notre fortune.

---

[7] Lire *Karma*, de M^me Annie Besant, et le chapitre admirable, traitant de cette question, dans son livre *Sagesse antique*, exposé complet de la Théosophie.

Et voilà les dettes que nous payons directement aux hommes. Si nous avons offensé la loi, sans faire de tort spécial à quelque individu, il nous faut payer notre dette à la loi. Et le *Karma* nous châtie par des événements et des souffrances dont, alors, les hommes ne sont pas responsables.

Mais le mot de châtiment est mal venu ici, quoique le mal souffert prenne la forme de châtiment. Ce mot indique un Dieu punisseur et nous donne une vague idée de Jéhovah châtiant ses enfants. Non, la bonne loi ne châtie pas ; elle se contente de redresser ; elle rétablit l'équilibre troublé, en donnant une leçon utile et juste à l'imprudent. Si le petit enfant se brûle le doigt, en mettant la main dans le feu, direz-vous que c'est un châtiment ? Nombre de nos actions se trouvent dans ce cas : nous commettons le mal par ignorance ; la douleur s'ensuit ; est-elle nécessairement une punition ? N'est-elle pas plutôt la leçon qui nous apprendra à ne plus commettre cette mauvaise action ? Et c'est ainsi que, grâce à ces leçons sévères, mais salutaires, grâce à ces expériences, nous sortons peu à peu de l'ignorance.

La loi de l'Évolution est une grande loi d'harmonie. Quand l'équilibre a été rompu par un acte coupable, cet équilibre ne peut être rétabli que par la souffrance infligée à celui qui avait accompli l'acte coupable. C'est l'histoire de la branche d'arbre attirée vers le sol par un enfant, et qui lui échappant, le frappe au visage en reprenant sa place. Ne cherchez pas d'autre explication à l'action du *Karma*.

« Si le mal est commis involontairement, c'est injuste, me direz-vous, d'en porter la peine. » Mais comment serait-il possible d'éviter cette peine, puisque c'est un effet amené par la cause, et qu'il n'y a pas de cause sans effet ? Il est tout aussi impossible de l'éviter, que de placer la main dans le feu sans être brûlé.

Néanmoins, soyez certains que, dans la balance du *Karma*, les motifs et les intentions pèsent beaucoup plus lourds que les actes. Les actes ne peuvent avoir de répercussion que sur le plan physique, dans notre monde matériel, tandis que les intentions et les motifs en ont dans les mondes invisibles où l'action est bien plus puissante qu'ici-bas. Ainsi une action bonne et utile, dont le motif aura été égoïste, produira certainement un bonheur relatif ; — chose inévitable, puisque cette action avait causé du bonheur à des êtres humains ; mais celui qui l'a accomplie avait des motifs impurs, aussi la souffrance ne l'épargnera pas. Ce cas est bien plus fréquent que l'on ne pense ici-bas. Un homme construit un hôpital dans le but d'être décoré, d'avoir la renommée d'un bienfaiteur de l'humanité. Son action, qui aura produit de bons résultats dans le monde matériel, lui procurera, dans une autre vie des satisfactions dans ce même monde, par exemple, un entourage agréable : mais en revanche ses motifs égoïstes lui vaudront des souffrances morales.

En somme, le résultat d'une cause a d'autant plus d'importance que le motif en est plus important.

A mesure que l'homme évolue, à mesure son *Karma* devient plus compliqué, car à toute heure il peut engendrer des causes karmiques contradictoires. Il peut agir généreusement et injustement dans l'espace de quelques instants. Les grands Êtres préposés au fonctionnement du *Karma* ont une tâche bien lourde, en vérité. Ces causes contradictoires ne pouvant souvent produire leurs effets dans une même vie, ils font le triage et répartissent le bon et le mauvais *Karma* entre plusieurs existences. Car, si une seule et même vie ne constitue pas le terrain nécessaire pour faire fructifier divers effets karmiques, ceux-ci doivent attendre, à l'état latent, l'occasion de se manifester dans une autre vie.

Ce sont toutes ces causes karmiques qui tissent notre destinée, qui nous font ce que nous sommes, qui nous placent dans tel pays, dans tel entourage favorable à leur manifestation, qui préparent les grands événements, tristes ou joyeux, de notre existence. Nous ne nous étonnerons donc pas si nos bonheurs sont rares et courts ; si le malheur frappe souvent à notre porte ; —

le mal ne l'emporte-t-il pas sur le bien dans nos destinées d'êtres moyennement évolués ? Nous ne nous étonnerons pas, surtout, si nous savons combien nos pensées et nos intentions pèsent lourd dans la balance karmique.

Il est, par contre, consolant de nous dire qu'avec *la connaissance* nous sommes plus ou moins les maîtres de notre destin. L'ignorant est l'esclave de ses passions et de ses désirs, par conséquent l'esclave de sa destinée. Si, au contraire, nous connaissons la Loi, si nous la comprenons, nous pouvons nous créer du *Karma* favorable par des actions et des pensées charitables et pures [8]. Nous ne pouvons, hélas ! empêcher le *Karma* produit antérieurement de nous atteindre, — il nous faudra payer toutes nos dettes, — mais il nous est possible de neutraliser, en quelque sorte, les effets du *Karma* présent.

Pour citer un exemple : si nous avons fait du mal à quelqu'un dans cette vie, nous pouvons neutraliser le résultat de souffrances qui nous attend, en tâchant de lui faire tout le bien possible, en tâchant, dès main-

---

8   Ceci est presque aussi intéressé, dira-t-on, que la morale du *Salut personnel*. En réalité, la Théosophie nous enseigne une morale plus austère : celle de *faire le bien pour le bien*, sans le désir de la récompense, ni même celui de l'approbation. Mais le fait de créer du bon *Karma* n'en est pas moins réel et peut servir de stimulant aux âmes jeunes qui ne peuvent encore éliminer toute ambition, ou tout désir personnel.

tenant, de lui payer notre dette. Des êtres très élevés, connaissant leurs vies antérieures, ont ainsi pu réparer des loris commis dans le passé.

Vous me demanderez peut-être ici : Quelles sont les souffrances karmiques qui peuvent être produites par tel vice, par telle faute ? On ne peut établir de règle générale à ce sujet. Il serait puéril de s'imaginer que si, dans un accident de chasse, vous cassez la jambe à un ami, par un coup de fusil, celui-ci vous rendra la pareille dans une existence future. Vous porterez, sans doute, la peine de votre imprudence mais cela peut avoir lieu autrement que par une fracture de jambe. La nature de l'effet et celle de la cause peuvent ne pas être semblables, — mais il y a toujours et partout *équivalence des forces*.

Souvent, néanmoins, certaines causes amènent des effets équivalents, lorsqu'une occasion favorable se présente, dans telle ou telle existence. Un meurtre, par exemple, produira une mort violente de la même nature, une vie de débauche amènera une vie d'infirmité, de souffrances physiques. Si la débauche a été portée jusqu'à la dépravation, elle donnera lieu à l'idiotie [9] : en général, la satisfaction immodérée de désirs déréglés produira des privations en tous genres. La cruauté, nous dit on, cause souvent la folie ; la paresse, l'inintelligence ; l'orgueil et la vanité, une vie d'humiliations ; l'égoïste n'aura pas d'amis et cherchera en vain et douloureusement de l'affection autour de lui ; celui qui aura laissé échapper des occasions de progrès spirituels sera privé de toute occasion de progresser : la mère qui aura maltraité son enfant, ou qui l'aura négligé, retrouvera cet enfant dans une vie prochaine, mais pour l'adorer et le perdre prématurément. Les enfants martyrs ont, peut-être, été jadis des tyrans et des bourreaux.

Voilà quelques-uns des effets karmiques succédant à certaines causes. Mais, je le répète, on ne peut faire ici de règle générale ; l'action du *Karma* étant, pour cela, beaucoup trop compliquée.

Et pour vous donner une idée nouvelle de cette complication, je vous dirai que la loi de *Karma* ne régit pas seulement les destinées individuelles, mais qu'elle régit encore les mondes. Chaque nation a son *Karma*, auquel tout individu participe ; les guerres, les grandes catastrophes, les épidémies terribles qui parfois déci-

---

9  D'autres causes karmiques encore, dont il est inutile de parler, ici, peuvent amener l'idiotie et la folie.

ment les pays sont des effets karmiques, tout comme nos destinées individuelles.

« Rappelle-toi que le péché et l'opprobre du monde sont ton péché et ton opprobre, car tu fais partie du monde. Ton *Karma* est inextricablement tissé avec le grand Karma [10]. »

« Tout cela est bel et bien », me direz-vous, « mais où sont les preuves de ce que vous avancez ? C'est tellement nouveau, tellement autre chose que ce que nous avons été habitués à accepter jusqu'à présent, que nous ne pouvons vous écouter sans surprise. »

— Vous êtes venus à moi, j'ose le croire, avec des âmes avides de quelque consolation. Si je cherchais ici à vous exposer les preuves de la Théosophie — ce qui demanderait beaucoup de temps — ces preuves ne rentreraient pas dans un cadre du problème de la souffrance, et ne l'éclaireraient pas nécessairement. Mais, si les idées que je vous résume vous semblent belles et consolantes ou de quelque valeur, cherchez les preuves de ce que j'avance dans nos livres théosophiques ; allez au fond de nos enseignements, et il est probable

---

10   *La Lumière sur le sentier*, par M. C.

qu'après une élude complète, après vous être soumis aux conditions demandées pour être à même de trouver la vérité, il est probable que ce qui n'est qu'une hypothèse pour vous, en ce moment deviendra *une réalité vivante*.

Néanmoins vous pouvez me faire ici une objection toute naturelle, objection que j'ai entendue plus d'une fois, et qui celle-là, se rapporte à notre sujet, La voici : « Vous dites que la loi du Karma est la Justice immanente.., mais est-ce juste de souffrir, dans celle vie, pour des fautes commises antérieurement et dont nous ne nous souvenons pas ? » Objection toute naturelle, je le répète,.., cependant n'avez-vous pas réfléchi à ceci ? *il y a impossibilité matérielle*, pour la plupart d'entre nous, de se souvenir des vies passées. Et, avant de régler la question justice, nous en dirons deux mots.

Pourquoi ne nous rappelons-nous pas les vies passées ?

Le cerveau physique est l'instrument de l'âme *pour une incarnation seulement*. Or si vous ne pouvez, même pas à l'heure qu'il est, vous rappeler tous les souvenirs de votre jeunesse et de votre enfance ; si un grand nombre d'entre eux, quoique enregistrés par le cerveau, se sont effacés avec le temps, comment voulez-vous remonter plus loin encore, et rappeler des souvenirs qui n'ont *jamais* été enregistrés par le cerveau ? Il y a parfois des organisations particulièrement délicates, il y a des cerveaux dont les cellules nerveuses, de matière plus fine, peuvent répondre aux vibrations subtiles de l'*Ego*. Dans ce cas, des souvenirs plus ou moins nets de vies antérieures peuvent y filtrer.

Les corps subtils peuvent, beaucoup mieux que le cerveau physique, répondre aux vibrations rapides des mondes supérieurs. Si vous pouviez être conscient dans ces corps durant votre sommeil, il vous serait parfois possible de retrouver des, faits de vos vies antérieures. Lorsqu'il s'agit d'un homme dont l'évolution est très avancée, il y a communication directe entre la conscience physique et l'*Ego*, et cet homme trouve, dans son *corps causal* — corps qui survit d'incarnation en incarnation — toute la chaîne de ses existences passées.

On a comparé l'*Ego* au fil d'un collier de perles, chaque perle étant considérée comme une vie. Vous comprenez donc, lorsque nous avons établi un pont entre notre conscience physique [11] et la conscience su-

---

11   La conscience physique est l'action de l'Ego sur le cerveau physique, action très limitée, car un bien petit nombre des vibrations qui constituent l'action de l'Ego, sur son plan, peuvent s'imprimer sur le cerveau. Voir pour ceci et pour les lignes précédentes la page 63 et les suivantes, où je traite des différents corps de l'homme.

périeure, nous retrouvons la mémoire du passé, puisque cette mémoire siège dans notre « moi » permanent. Ce n'est qu'une question de temps et de patience.

En attendant, *ce que nous avons été* se déduit par *ce que nous sommes aujourd'hui*. Enlevons tout ce que nous avons acquis dans notre incarnation actuelle ; rappelons-nous les tendances que nous avions dans notre enfance ; nos qualités natives, nos défauts innés, nos faiblesses et nos forces, nos goûts, nos répulsions, nos sympathies et nos aversions, et nous pourrons, sans trop de peine, reconstituer notre dernière personnalité.

Il nous reste à régler la question de justice qui se pose avec ces paroles : « Est-il juste de souffrir pour des fautes commises antérieurement ? » Ici je laisserai la réponse à une plume plus autorisée que la mienne, et qui traite éloquemment de cette question.

« L'oubli efface-t-il les fautes ou détruit-il leurs conséquences ? L'assassin qui aurait perdu la mémoire du crime commis la veille changerait-il quoi que ce fût à son acte ou à ses résultats ? Les renaissances ne sont que les lendemains des vies précédentes, et si les eaux compatissantes du Léthé en ont effacé l'image, les forces accumulées dans l'âme au cours des âges n'en font pas moins leur œuvre dans l'avenir.

« Au contraire, l'injustice existerait, et sous une forme cruelle, s'il y avait persistance du souvenir ; car la vision douloureuse d'un passé toujours rempli de défaillances honteuses, quand il n'est pas souillé par le crime, serait perpétuelle. Et si, de plus — comme le voudraient nos contradicteurs — l'homme savait pourquoi il est puni, c'est-à-dire s'il savait que chacune de ses erreurs et de ses fautes passées, sans cesse présente à ses yeux, va porter un fruit particulier, et que de rigoureuses échéances ont été placées à chacun des pas de sa vie nouvelle, la punition ne dépasserait-elle pas sans mesure le péché ? Et de toutes les poitrines humaines ne s'élèverait-il pas une clameur de blasphème contre une Divinité transformant, par le souvenir, la vie en un tourment sans répit, en une éternelle terreur, détruisant toute activité, toute initiative, par l'anxiété de l'attente ; en un mot, étouffant le présent sous le poids du cauchemar du passé !

« Les hommes, si injustes pourtant, si peu apitoyés, n'ont pas voulu donner à un condamné à mort le tourment de l'anticipation, et ce n'est qu'au dernier moment qu'on lui apprend le rejet de son pourvoi. La Loi divine serait-elle donc moins compassionnée que la loi humaine ?

« N'est-il point téméraire à notre profonde ignorance de critiquer les œuvres de la Sagesse sans bornes ? Pour peu que nous fassions quelques pas vers la connaissance, pour peu que nous pénétrions le secret des œuvres de Dieu, nous obtenons la preuve que la Providence ne laisse aucune partie du Cosmos, aucun être privé de sa tutelle paternelle, et que là où notre cécité voyait un vide, une imperfection ou une injustice, un brillant rayon de lumière nous montre la Vie omniprésente distribuant, sans faveur, son amour à tous ses enfants, de l'atome en sommeil au radieux Esprit planétaire, dont la conscience a grandi jusqu'au point d'embrasser l'Univers.

« C'est spécialement après la mort que l'Ame, libre de ses enveloppes d'illusion, fait une revue impartiale de son incarnation dernière, suivant attentivement ses actes et leurs conséquences, marquant ses erreurs et ses chutes, avec leurs mobiles et leurs causes. C'est à cette école qu'elle a augmenté son savoir et sa force, et, lorsque dans une incarnation future, les mêmes difficultés se présentent, elle est mieux armée pour la lutte : ce qu'elle a appris s'est conservé en elle ; elle sait là où jadis elle ignora, et, par la « voix de la conscience » — sa parole, son appel — elle crie à la personnalité quel est son devoir. Et cette sagesse, extraite du panorama des mille images du passé, est la meilleure mémoire ; car, dans les moments nombreux où il faut se décider sur-le-champ, il ne serait pas possible d'évoquer, dans les profondeurs dupasse, les groupes de souvenirs se rapportant à la décision à prendre, d'en revoir les événements et d'en tirer une ligne de conduite. La leçon doit avoir été apprise et complètement assimilée durant la quiétude illuminée de l'Au-delà : alors seulement l'Ame est prête à répondre sans retard, et son cri est net, son jugement sûr : « Fais ceci, évite cela. »

« Lorsqu'avec les progrès de l'évolution une âme est arrivée à imprimer directement sa vibration — sa pensée — sur le cerveau qu'elle a dû affiner et rendre responsif, par un entraînement qui épure toute la nature humaine, elle peut transmettre à la conscience incarnée le souvenir de ses vies passées ; mais ce souvenir cesse alors d'être pénible où dangereux, car l'âme a non seulement épuisé la plus grosse partie de son *Karma* douloureux, mais elle possède la force nécessaire pour soutenir, quand il le faut, sa personnalité en face de la prévision de ce que nous appelons le malheur.

« Tout vient en son temps dans l'œuvre divine, et à la perfection de son enchaînement général on reconnaît la perfection du Créateur [12]. »

Une esquisse rapide et forcément incomplète, comme celle-ci, de la grande loi de Justice immanente

---

12  *Essai sur l'Évolution humaine (résurrection des corps, réincarnation des Ames)*, par le docteur TH. PASCAL.

par laquelle nos existences se trouvent être des successions de causes et d'effets,... une esquisse aussi rapide, dis-je, a parfois bien des inconvénients, car elle peut troubler l'esprit, susciter des objections... comme par exemple celle à laquelle je viens de répondre. Elle peut aussi provoquer cette question :

« Que faites-vous de la prière ? Croire au karma, c'est nier le pouvoir de la prière. »

Pourquoi ?... Si la prière est un besoin, une source de force, si elle nous rafraîchit et nous fortifie il faut prier... Prier, c'est ouvrir son âme toute grande aux influences divines, c'est se baigner dans une atmosphère spirituelle.

Mais il s'agit de bien s'entendre sur le terme de *prière*.

Prier — comme il faut prier — est-ce demander les biens de la terre, les consolations faciles, la santé de ceux que nous aimons, est-ce demander le bonheur, ce mirage éternel provoqué par l'ignorance humaine ?

Non !.., pour nous, théosophes, prier, c'est donner autant que recevoir. Prier, c'est une aspiration intense vers Dieu... qu'il s'agisse du *Dieu en nous* ou *hors de nous*, c'est le don de soi-même à la Volonté divine, c'est la contemplation d'un Idéal suprême, c'est l'action de grâce qui surgit d'un cœur reconnaissant. Prier, cela peut êtr encore l'appel à une aide spirituelle dans les jours d'épreuve.

Il y a loin de cette prière à la prière inférieure, à celle qui demande des biens matériels et n'est ni utile, ni bienfaisante. Elle n'est pas bienfaisante, car elle est égoïste en soi; elle n'est pas utile, car elle ne sera exaucée qu'avec la permission de la loi, et, en pareil cas, un désir ardent pourrait avoir le même résultat. Car une prière-demande de biens matériels ne peut monter dans les hautes sphères: elle vient de la terre, aussi reste-t-elle dans notre atmosphère, en quête de quelque argent ou de quelque circonstance favorable à sa réalisation.

A quoi bon demander, du reste? Le Christ n'a-t-il pas dit: « Votre Père céleste sait de quoi vous avez besoin avant que vous le lui demandiez... »

Ignorants que nous sommes de la loi, ignorants que nous sommes de notre destinée, de notre avenir, sommes-nous bien sûrs que nos demandes, exaucées, n'iraient pas à l'encontre de notre bien, de notre développement moral?

Le moi personnel est si peureux de la souffrance qu'il opterait volontiers pour une existence calme et douce, exemple de troubles, alors que le *Moi* véritable, l'Ego sait bien, de par son expérience, que c'est dans une vie douloureuse, dans la tourmente sauvage ou dans les combats intérieurs si poignants, que le progrès le plus rapide est réalisé.

Ici j'entends une découragée qui soupire.

— Comment! nous n'aurions même pas le droit de demander à Dieu de nous enlever une épreuve?

— Il ne s'agit pas de droit, ma sœur. Vous pouvez prendre ce droit, si voulez. Mais peut-être ne le ferez-vous plus, si vous m'avez comprise, et vous contenterez-vous de prier *afin que la force de supporter l'épreuve vous soit donnée.* Car vous saurez que celle épreuve — celle-là même — est l'acquittement d'une dette et une précieuse occasion de progrès.

Pour le théosophe, la prière la plus belle, la plus conforme à ses idées est celle-ci : *Fiat voluntas tua.*

Dans ces trois mots, héritage du Christ, réside une force bienfaisante et calme que seuls auront sentie ceux qui les ont prononcés avec foi, ou avec une confiance profonde.

Avec une jeune huguenote des temps passés vous pouvez encore répéter : « Mon Dieu!... ce que tu veux, comme tu le veux, quand tu le veux. » Car dans les sphères suprêmes Dieu et la Loi c'est un. Le Karma n'est-il pas l'expression de la Volonté divine?

Nouvelle question de mon interlocutrice :

— Mais ne peut-on prier pour les autres?

Certainement, vous pouvez prier pour les autres. Demandez l'aide nécessaire à ceux qui souffrent, le secours spirituel, la bénédiction qui réconforte...; mais ne retombez pas dans la prière inférieure, même s'il s'agit de vos frères.

Un grand nombre de théosophes ne prient pas.

Mais ils donnent chaque jour, à heure fixe, si cela est possible, un temps donné à la méditation. Cette méthode est plus difficile, plus abstraite que la prière,... car c'est une méthode; — mais elle mène à un résultat plus précis, à un développement plus rapide et plus harmonieux. Pendant ce quart d'heure ou cette demi-heure de méditation la concentration de la pensée est pratiquée avec plus ou moins de persévérance et selon que cette concentration mentale se porte sur tel objet, sur telle pensée ou sur telle qualité, elle développe en nous des facultés intellectuelles, réceptives ou morales. Enfin si elle se porte sur l'Ame divine, elle fait appel à la Source de toute vie, de toute force et de toute paix — elle fait appel au « Dieu en nous ».

Vous m'avez peut-être entendue, avec surprise, vous dire plus haut que nos pensées et nos intentions constituaient des causes karmiques beaucoup plus importantes que nos actions, et qu'il en résultait plus de souffrances. Dans le monde, la conduite d'un homme a beaucoup, plus d'importance que ses pensées. Que cet homme agisse correctement, c'est tout ce qu'on exige de lui..., peu importe si les motifs qui le font agir sont désintéressés, si ses pensées sont pures ou ne le sont pas. Que d'hommes ressemblent à ces beaux fruits, d'apparence savoureuse, que l'on ouvre pour les trouver entièrement pourris! Leur vie intérieure est dévorée par un ver rongeur: l'égoïsme et les pensées impures.

La Théosophie donne, à ce point de vue, une direction morale tout à fait opposée à celle que le monde admet. Lorsque je vous ai dit quelques mots, touchant le problème du mal, vous avez déjà vu que son code de moralité ne ressemble en rien à celui du monde. La Théosophie met infiniment plus d'importance à la maîtrise des pensées qu'à celle de la conduite. Si les pensées sont pures, nobles, si les intentions et les motifs sont justes, désintéressés, la conduite sera nécessairement bonne, et toute vie humaine pourra être ainsi un foyer de bien et de beau. L'homme, dont la conduite est correcte et les pensées gangrenées, est un danger grave pour son entourage et pour la société. Vous voyez quelle responsabilité nous assumons, *tout simplement, en pensant.*

Toute pensée devient une force active dans l'espace. Je ne parle guère ici de ces pensées vagues, sans but ni précision, qui se succèdent continuellement dans le cerveau — celles-là ne font du tort qu'à nous-mêmes — mais de toute pensée vraiment nette précise et définie. Ces pensées-là prennent une sorte de vie factice et révèlent des formes que les clairvoyants [13] ont pu décrire. Plus une même pensée est répétée, plus sa vie s'alimente. Les pensées sont attirées par les milieux, par les surfaces pensantes [14] avec lesquelles elles se trouvent en affinité. Une pensée d'amour ou de générosité viendra donc renforcer d'autres pensées de même nature... comme une pensée de haine et de vengeance pourra, en impressionnant un être faible, aux impulsions mauvaises, le pousser à commettre un meurtre si l'occasion s'en présente.

Nos pensées, vous le voyez, sont des aimants qui attirent à elles des pensées similaires. Il y a échange continuel d'individu à individu, et ce fait nous constitue une terrible responsabilité, car si nous cachons des pensées perverses sous des apparences vertueuses,

---

13    Ce que nous entendons par la *clairvoyance*, en Théosophie, n'est point la voyance ordinaire et souvent contestable des diseurs de bonne aventure, des somnambules, etc. La clairvoyance véritable est généralement l'indice d'un développement assez considérable de l'âme ou des corps subtils.
14    Les corps subtils dont je parlerai plus loin.

nous empoisonnons l'atmosphère morale et psychique autour de nous, nous empoisonnons surtout nos enfants, ces petits êtres étant particulièrement réceptifs. Vous avez, certainement, déjà rencontré de ces enfants précoces, qui ressemblent à de petits hommes ou à de petites femmes, tant ils sont privés d'innocence et de naturel, tant ils sont rusés, inquiétants. Cette malheureuse précocité — dont on rit si souvent — est fréquemment le résultat des mauvaises pensées de leur entourage, pensées dont ils ont été inconsciemment saturés.

Par contre nous avons, dans cette vitalité et cette persistance des pensées, une grande force pour le bien à notre disposition. Nous pouvons contribuer à élever le niveau moral de l'humanité; nous pouvons créer ou renforcer des pensées d'amour et de compassion qui s'en iront verser leur baume dans des cœurs malades; nous pouvons envoyer dans l'espace des courants de force spirituelle qui se déverseront dans des âmes en prière, dans des âmes qui luttent: nous pouvons peupler l'atmosphère de forces bienfaisantes, consolantes. N'est-ce pas là une source de joie et de bénédictions? Que d'êtres humains, limités dans leur champ d'action sur le plan physique, que de malades, d'infirmes, d'aveugles pourraient ainsi, s'ils le savaient, devenir des bienfaiteurs de l'humanité! « On peut se trouver en prison et être cependant un travailleur pour la Cause [15]. »

Nous avons parlé de la souffrance au point de vue général et de quelques-unes de ses causes, en traitant du *Karma*. Je voudrais maintenant vous parler de l'une de ses causes les plus fréquentes, une cause qui nous atteint tous, car tous nous avons souffert : tous nous avons perdu des êtres bien-aimés, tous nous devons mourir.

La mort n'est pas, pour le théosophe, le roi dès épouvantements ; elle n'est pas la fin de sa destinée humaine. Elle n'est pas autre chose qu'un simple changement de lieu et d'état, assumant certaines conditions dévie, différentes de nos conditions terrestres. Si vous voyez un théosophe ayant peur de la mort, dites-vous que *ce n'est pas encore un théosophe*. Le vrai théosophe meurt paisible et confiant. Il sait ce qui l'attend et la mort n'est pas pour lui le redoutable ou même le mystérieux Inconnu. Il sait que des amis chers lui souhaiteront la bienvenue, l'aideront à faire ses premiers pas dans cette existence qui va s'ouvrir pour lui. Il ne craint rien. S'il a eu des faiblesses dans celle vie, il sait

---

15   *La Théosophie pratiquée journellement.*

qu'il sera obligé de séjourner plus longtemps dans le monde astral (qui équivaut assez bien au purgatoire du catholicisme); mais qu'il pourra, d'ici peu, s'y rendre utile et mener une existence active et dévouée : grande compensation à cette obligation de séjour. Il sait qu'infailliblement, par la force du temps, par ses propres efforts et ses propres aspirations, il sera libéré de ce qui le retient dans ce *monde astral* et qu'il entrera dans la vie céleste, aux joies intenses, indescriptibles.

Oh! mes frères, la mort est si peu de chose!... pourquoi en faire ce qu'il y a de plus terrible au monde? Pourquoi en faire un gouffre plein d'ombre où l'on va tomber, alors qu'elle n'est qu'un pas de plus vers la lumière? Nos bien-aimés ne sont pas morts; si le voile de matière qui nous obscurcit la vue se dissipait, si nous sortions de notre corps physique, nous les verrions souriants et paisibles. Ils ne se sentent pas plus morts que nous; ils nous voient dans certains cas et voudraient nous encourager; mais nous ne les voyons ni ne les entendons, car les vibrations rapides de leur corps subtil ne peuvent trouver de réponse dans notre corps physique [16]. Et notre douleur les attriste, car, vé-

---

16   Il s'agit, surtout, dans ce paragraphe d'une classe spéciale de désincarnés, de ceux qui sont morts, soit brusquement, soit en pleine jeunesse, ou encore dans la force de l'âge. Leur *corps astral* est doué d'une vitalité si grande encore qu'il les relient prisonniers, un certain temps, dans les mondes inférieurs de l'Au-delà.

ritablement, *nous les pleurons comme si nous ne devions plus jamais les revoir,* comme si l'immortalité, la vie de l'au-delà n'étaient que des mots pour nous et *non des réalités.*

Et cependant, bien souvent dans la nuit, nous allons les retrouver ; nous sommes auprès d'eux aussitôt que notre âme s'est dégagée du corps physique, par l'action même du sommeil. Nous sommes heureux alors auprès des êtres chéris. Et s'il ne nous en reste pas la mémoire, au retour, au réveil, c'est encore parce que les vibrations rapides de la conscience astrale ne peuvent se transmettre à notre cerveau physique, y éveiller des vibrations synchrônes. Parfois, cependant, de vagues impressions nous traversent l'esprit dans la journée, comme des fragments de rêves : en réalité, fragments de souvenirs de notre vie astrale, mais ils nous échappent d'autant plus vite que nous cherchons à les saisir.

Sachez-le, ô mes pauvres frères qui pleurez vos bien-aimés, il ne lient qu'à vous, en menant une vie pure, en vous soumettant à de certaines conditions morales et mentales, en développant certaines facultés existant à l'état latent, il ne tient qu'à vous de rapporter le souvenir de la vie astrale dans votre conscience physique. Ce n'est qu'une question de temps, de volonté, de persévérance ; c'est le développement de la vie intérieure, de la spiritualité, de facultés internes, inconnues du profane.

Je vais être obligée ici, pour jeter de la lumière sur ces paroles, de vous donner une idée sommaire de la constitution de l'homme [17] au point de vue théosophique, et des différentes régions où sa conscience peut fonctionner, au delà de notre monde physique. L'homme n'est point ce composé rudimentaire d'un corps et d'une âme, ainsi que cela nous est enseigné par les religions. En réalité sa composition est beaucoup plus complexe... et n'est-ce pas rationnel ? Notre seul corps physique comprendrait au point de vue anatomique et physiologique, tant de systèmes importants, vitaux, — le système nerveux le système circulatoire, etc., *et tout ce qui, en nous, pense, aime et aspire,* tout cela serait réduit à la seule âme ?

Selon la Théosophie il n'en est pas ainsi. L'âme, ce quelque chose d'indéfinissable, comprend en effet toutes ces facultés, mais elle se manifeste dans des véhicules divers, en des corps, qui représentent : les émotions, la pensée, l'intuition, l'amour spirituel, etc.

Une image pourrait en rendre l'idée : celle du fluide électrique, lequel, suivant la nature du récepteur qu'il traverse, se manifeste soit en lumière, soit en mouve-

---

17   L'homme *actuel* n'a que trois corps développés.

ment, soit en action chimique. — De même que ce fluide est identique, quoique se manifestant différemment selon les récepteurs employés, de même l'âme, énergie universelle, ayant tous les pouvoirs, reste toujours identique à elle-même, bien que les facultés, exprimées au moyen des véhicules qu'elle anime, varient avec la nature de ces véhicules, se traduisant tantôt par les émotions, tantôt par la pensée. Ces divers véhicules, ou corps internes, s'interpénètrent, déplus en plus subtils, à mesuré qu'ils appartiennent à une région plus élevée.

L'idée des vies successives vous est familière, maintenant, n'est-ce pas... eh bien ! la personnalité n'est pas autre chose que le représentant de l'individualité à chaque vie nouvelle ; le représentant ou l'instrument de *l'homme vrai*, de *l'homme éternel*. Notre personnalité — tantôt masculine, tantôt féminine, agissant dans une condition modeste ou élevée, sous un nom quelconque, roturier ou royal — notre personnalité n'a d'autre but, d'autre fonction, que de recueillir toutes les expériences nécessaires au développement de l'individualité, lesquelles expériences, après chaque mort terrestre, vont s'emmagasiner dans cette individualité.

Or, de quoi se compose cette personnalité ? me direz-vous. Je répondrai par une autre question : « De quoi est faite notre vie ? — D'actions, de sensations et d'émotions, de pensée... — Très bien. Par conséquent nous avons un corps physique : instrument de l'action ; une nature émotionnelle et passionnelle, siège de toute sensation : le corps astral ; une nature pensante enfin, qui se manifeste par le mental. »

Corps astral et mental ou corps astro-mental — car pendant une grande partie de l'évolution humaine la pensée se solidarise avec les émotions — sont formés d'états de matière subtils, plus subtils encore que l'éther de l'espace. Entre les étals de matière physique et astral nous trouvons un état intermédiaire : la matière éthérique. Cette matière éthérique, qui pénètre si bien notre corps physique qu'elle en constitue une doublure exacte, a la propriété d'absorber la vie solaire qui se trouve répandue dans l'atmosphère, de l'assimiler et de la transmettre à notre organisme par le système nerveux. De plus, étant l'intermédiaire entre le corps astro-menlal et le corps physique, elle transmet à ce dernier, et les sensations, et les émotions, et la pensée, dont le système cérébro-spinal est l'instrument.

C'est donc par le corps astral que nous jouissons et que nous souffrons, par le mental que nous pensons. Identifier la sensation avec les nerfs, la pensée avec le cerveau, c'est confondre l'ouvrier avec soit outil, l'artiste avec son instrument.

Après la mort le corps astral a une vie indépendante et devient le siège de la conscience, quittant définitivement son camarade, le corps physique. Pendant le sommeil il se dégage momentanément du corps physique et peut s'en éloigner. Enfin il s'extériorise également au moyen des anesthésiques, entraînant avec lui une partie du double éthérique.

Il y a, par conséquent, dans ces cas, abolition plus ou moins complète de la sensation.

Voilà donc nos instruments de travail pour une vie ! voilà les corps qui constituent notre personnalité, (car pour chaque incarnation ils sont renouvelés). — Et ces corps sont une expression fidèle de notre Karma : ils font partie de notre récolte, ayant été semés dans la vie antérieure. Tels qu'ils sont : médiocres ou bien conditionnés, aide ou entrave, il nous faut les accepter. Mais ce qui importe, c'est de chercher à les améliorer, à les utiliser avec sagesse, à en tirer tout le parti que nous pourrons en tirer. Ce faisant nous semons encore pour l'avenir.

❦

Mais ce n'est pas tout. Regardons-nous vivre, observons-nous avec attention : nous sentirons qu'il y a en nous quelque chose de supérieur à la pensée, quelque chose qui s'impose dans les heures de lutte et de souffrance et dans la paix profonde, quelque chose qui ne parle pas et cependant fait appel à ce que nous avons de plus élevé. Le tumulte de la nature inférieure nous empêche d'entendre cette voix mystérieuse qui n'est pas une voix... Et ce n'est qu'après avoir fait taire les émotions et la pensée que nous pourrons communiquer avec *l'Esprit en nous*... avec le Divin.

Plus compréhensible, plus facile à entendre est la voix de la conscience morale — synthèse de nos personnalités passées, résultat vivant de toutes les expériences emmagasinées dans le corps causal. Ce corps, qui s'est développé au cours de nos vies successives, par les expériences de nos personnalités diverses, ce corps est l'enveloppe permanente du moi, de l'Ego. Il se manifeste en nous soit par la conscience morale dont je viens de parler, soit par l'intuition. Sa voix est, et doit être notre meilleur guide : elle nous indique notre devoir, elle établit nos responsabilités et, relativement, notre degré d'évolution. L'Ego est enfin le tabernacle de l'Esprit divin, du *Dieu en nous*.

Si les expériences successives, faites par la personnalité font évoluer l'Ego — que nous appellerons encore notre individualité — l'Ego par son évolution même, son développement progressif, éveille et amène à l'activité toutes les facultés latentes, tous les pouvoirs de l'Esprit divin.

Comme vous le voyez, la constitution occulte de l'homme nous mène bien loin des théories simplistes généralement admises.

Nous voyons donc en l'homme :

1° Une personnalité agissante composée de rouages divers, ayant chacune leur fonction, leur rôle à remplir ;

2° L'Ego, soit une conscience embryonnaire au début de l'Evolution — se développant graduellement en facultés et en pouvoirs et s'élargissant au fur et à mesure qu'elle se développe ;

3° Une âme divine : l'Esprit — moteur de toute notre évolution individuelle et personnelle — le « Dieu en nous » dont parlait saint Paul lorsqu'il disait « L'esprit de Dieu habile en vous »,... Celui que proclamait le Christ lorsqu'il s'écriait : « Voici ! vous êtes tous des dieux ! »

De celle explication sommaire, le point capital à retenir est celui-ci : *ne pas confondre la personnalité avec l'individualité ;* ne pas attacher une importance démesurée au rôle de cette personnalité, qui n'est autre que de servir d'instrument, qui n'est aube que de représenter notre Ego ; ne pas nous identifier avec cette personnalité, avec nos sensations physiques, avec nos émotions, nos pensées, ni même avec notre intelligence concrète. Combien de souffrances nous nous épargnerions, combien de force nous gagnerions dans la lutte, quel calme serait le nôtre si nous avions constamment cette pensée en nous !

*L'Esprit divin* qui assiste, serein, aux déchaînements de nos tempêtes humaines, sans y participer, voilà Celui avec lequel nous devons lâcher de nous identifier, aspirant continuellement à nous Unir avec lui.

« Il faut qu'il grandisse et que je diminue », disait Jean-Baptiste en parlant du Christ. Image exacte de ce qui doit se passer en nous, quand nous avons réalisé les places respectives de l'individualité permanente et de la personnalité temporaire. Il faut que celle-ci diminue pour faire place à la conscience toujours grandissante de *l'Esprit divin*, du *Dieu en nous*. « Moi et mon père, nous sommes un », a dit le Christ. Cette union divine, sublime, nous attend tous dans les temps futurs [18]. En attendant, « la véritable vie de l'homme est le repos dans l'identification avec l'Esprit suprême [19]. » — « Ne vis, ni dans le présent, ni dans l'avenir, mais dans l'éternel [20]. »

Des différentes régions où la conscience de l'homme fonctionne, selon qu'elle se manifeste dans l'un ou l'autre de ses corps, de ces cinq régions nous en laisseront trois de côté : d'abord notre monde physique que nous connaissons tous ; ensuite les deux régions supérieures qui dépassent notre compréhension.

Je vous ai dit deux mots du *monde astral;* c'est la région des émotions, une région matérielle comme notre monde physique, quoique cette matière-là soit si subtile qu'elle nous est complètement invisible et qu'elle échappe aux observations scientifiques. Les vibrations de ce *monde astral* se traduisent toutes par des

---

18   Lire *l'Homme et ses Corps*, d'Annie Besant, livre donnant une description détaillée de la constitution de l'homme, au point de vue théosophique.
19   La *Théosophie pratiquée journellement*.
20   La Lumière sur le Sentier, par M. C.

émotions, des désirs, des sentiments ou des passions : c'est pourquoi on l'appelle le monde des émotions. La matière dont il se compose pénètre notre matière physique, tout comme la matière, encore plus subtile de la région qui lui est supérieure, la pénètre à son tour. Il faut donc comprendre toutes ces régions comme des états de matières différents, bien séparés par leur différence de constitution, et cependant s'interpénétrant les uns les autres.

L'homme passe directement dans le *monde astral*, après sa mort. Ce monde, en bien des points, ressemble au monde physique, car il est matériel aussi, et tous les objets physiques y sont représentés. De même qu'ici-bas nous avons différents degrés de matière, par exemple les solides, les liquides, les gaz et les éthers, — de même le *monde astral* nous offre différentes combinaisons de matière ; il se subdivise en plusieurs régions distinctes, allant de la plus dense à la plus subtile.

Le *corps astral* de l'homme, pendant sa vie terrestre, est lissé, construit par ses émotions. Si ces émotions, ces passions ont été fort grossières, elles lui auront construit un *corps astral* formé, en grande partie, de la matière la plus grossière du *monde astral*. Et ce fait le retiendra dans les régions les plus denses. La plus inférieure d'entre elles pourrait être comparée à une sorte d'enfer — *en excluant l'éternité des peines.* Les êtres très mauvais, qui ont mené une existence criminelle ou dégradante, y séjournent plus ou moins longtemps, souffrant par la grossièreté de leur nature même, souffrant par l'élimination lente et douloureuse de leurs désirs, souffrant par tous les appétits qu'ils ne peuvent plus satisfaire ; si voisins du monde physique, dans cette région dense, dont la matière se rapproche de la nôtre qu'ils peuvent en fréquenter les mauvais lieux et, malheureusement inspirer de criminelles pensées aux hommes dont la nature correspond avec la leur. Ne cherchez pas ailleurs, les démons de l'Église,... mais en faisant une différence, celle-ci : les habitants des régions basses de *l'astral* ne sont démons que pour un temps, et par la force toute-puissance de l'Evolution ils se purifieront lentement de leurs passions ; les molécules grossières qu'ils ont attirées dans leur corps astral s'useront, et ils pourront passer ainsi dans les régions les plus élevées du purgatoire.

Les bien-aimés que nous avons perdus ne séjournent heureusement pas dans ces lieux désolés. Après la mort physique, après quelques heures ou quelques jours d'inconscience, selon que cette mort a été plus pu moins rapide, selon qu'elle les a enlevés en pleine vigueur ou dans un âge avancé, ils se réveillent paisiblement dans la région du *monde astral* qui correspond à la qualité de matière dont leur corps astral est alors composé. Là, leur vie devient parfaitement consciente, s'ils ont plus ou moins développé, sur la terre, la faculté de penser. Et pourquoi ne le serait-elle pas ? Ils ont un corps qui les met en rapport avec un monde aussi réel, aussi visible et tangible que le nôtre ; ils ont les émotions, les sentiments ; leur faculté de penser est moins entravée qu'ici-bas, parce qu'ils ne sont pas obligés de penser à travers leur cerveau physique. Ils se sentent dans la réalité ; et s'ils comparent alors la vie physique avec celle qu'ils mènent, ils la trouvent *une illusion*.

Chaque région, où la conscience de l'homme agit dans un corps quelconque, est pour lui la réalité, car il prend contact avec cette région ; il y vit, il y pense. Et les habitants du *monde astral* — et encore davantage ceux du *monde céleste* — n'ont plus du tout, *quant à l'illusion,* la façon de juger qu'ils avaient ici-bas.

Nos bien-aimés sont donc paisibles et relativement heureux dans ce séjour de passage, si leur vie terrestre a été suffisamment pure. Ils se livrent à leurs occupations favorites ; ils peuvent, comme ici, s'occuper d'art ou de travaux intellectuels. Leur condition dépend naturellement de la région de *l'astral* où ils se trouvent. Dans les hauteurs de ce monde, ils peuvent même se croire au ciel, si leur idéal religieux n'était pas très élevé, car toutes les formes des religions s'y trouvent représentées.

Il faut cependant que je vous dise deux mots des dangers que peuvent courir, dans ce monde astral, les êtres chers que nous avons perdus ; ces dangers sont : le chagrin immodéré de ceux qui restent sur la terre, et les évocations spirites.

La grande roue de l'Évolution tourne toujours. Après la mort physique de l'homme, l'évolution s'empare de son *corps astral*. Ce *corps astral* doit se débarrasser, graduellement, de ses molécules les plus grossières, et par ce procédé de purification, s'élever dans les régions supérieures de *l'astral*. Cette évolution est facilitée et hâtée par les désirs et les aspirations de l'âme. Elle peut être retardée par la douleur des parents, et des amis demeurés ici-bas. De continuels courants de pensées désolées, de continuelles vibrations douloureuses viennent frapper la pauvre âme, la réveillent parfois, lorsqu'elle sommeille paisiblement dans les couches inférieures de *l'astral*. Ces regrets, cette douleur l'attirent vers la terre, et, au lieu de porter ses regards en avant et en haut, elle les fixe en arrière. Et elle souffre aussi, elle qui pourrait être paisible et heureuse si une douleur égoïste ou ignorante ne se réclamait toujours d'elle. C'est ainsi que l'essor de l'âme vers des régions meilleures peut être retardé de bien des mois, retardé jusqu'à ce que cette âme comprenne son erreur et se tourne résolument vers le but céleste.

Quant aux évocations spirites, elles sont un danger plus grand encore. Je ne veux certainement pas critiquer ici la manière de voir et la méthode de nos frères spirites. Ce sont, pour la plupart, des chercheurs consciencieux et sincères ; dans leurs rangs se trouvent des apôtres convaincus et il ne faut pas oublier qu'aux temps modernes ils ont été les ouvriers de la première heure, dans le champ d'exploration de l'Au-delà. Beaucoup d'entre les théosophes ont passé par leur chemin, et, avant de saisir les horizons sans fin de la Théosophie, ont exploré le domaine comparativement limité du spiritisme.

Unis dans une même lutte contre le matérialisme et poursuivant un même but, spirites et théosophes ont des méthodes bien différentes pour y arriver. Les spirites emploient la méthode expérimentale qui satisfait davantage le plus grand nombre des investigateurs ;

ils cherchent à communiquer avec le monde invisible, avec les esprits des morts, par des moyens matériels et en les attirant dans la sphère terrestre. Les théosophes s'appuient sur la connaissance, l'observation et l'intuition ; leur méthode consiste à se libérer du corps physique afin de communiquer avec le monde invisible, dans le véhicule qui lui correspond, c'est-à-dire le *corps astral*. Ils sont ainsi en rapport direct avec les habitants temporaires de ces régions. Mais cette méthode, que la Théosophie enseigne à ceux qui veulent se rendre utiles dans le *monde astral*, cette méthode exige une vie très pure et des efforts patients et persévérants.

La comparaison la plus ingénieuse et la plus simple, tout à la fois, que j'aie entendu faire à ce sujet, me revient à l'esprit : « Il me semble », me dit un jour une petite amie, « que les spirites coupent les ailes aux anges pour les faire descendre sur la terre, tandis que les théosophes s'efforcent au contraire, de faire pousser leurs ailes afin d'aller rejoindre les anges. »

Quant à la réalité des phénomènes spirites, elle n'est pas mise en doute par les théosophes ; mais ils ne leur attribuent pas toujours les causes affirmées parles spirites. Il existe dans la nature tant de forces mystérieuses encore inconnues, forces dont nous n'avons pas le secret !...

Dans le cas de communication réelle entre les vivants et les morts, il peut y avoir de sérieux inconvénients. Non seulement l'âme évoquée peut être retardée dans son évolution *post mortem*, mais, s'il s'agit d'une âme séparée brusquement de son corps, par une mort violente, elle peut être réveillée subitement dans l'une des sphères inférieures du *monde astral*, et là elle souffrira beaucoup des conditions de cette sphère et de son entourage. Si celle âme était de nature très passionnelle — sans être foncièrement mauvaise pour cela — elle regrettera les sensations de la terre, souffrira de leur privation et pourra essayer de les provoquer, en tâchant de s'emparer de quelque médium par la possession.

Cependant des morts — puisqu'il faut employer ce terme pour être compris — ont parfois une communication pressante à faire à l'un de leurs parents restés sur la terre. S'ils en trouvent l'occasion, il est préférable pour eux que ce désir soit satisfait, même au point de vue de leur évolution ; car, ayant retrouvé la paix, ils regagneront vite le temps perdu. Si parfois les esprits veulent venir à nous, par la méthode spirite, nous ne devons point les en empêcher, mais ne lès évoquons pas nous-mêmes, n'assumons pas la responsabilité de nuire à nos frères de l'Au-delà. Prions pour eux et confions-les aux soins des *Aides invisibles* : c'est ce que nous pouvons faire de mieux à leur égard.

« Qu'est-ce que ces *Aides invisibles* [21] ? » me direz-vous. Ici, nous touchons à l'un des grands privilèges de la Théosophie. La connaissance des mondes invisibles, d'abord théorique, devient objective lorsque, par suite des efforts et de la purification dont je vous ai parlé, nous parvenons à prendre consciemment contact avec ces mondes. Les *Aides invisibles* sont ceux de nos frères aînés, qui, par leur degré d'évolution et par leur travail patient, ont conquis le privilège d'aider l'humanité posthume. Pour eux la nuit n'est pas une perte inutile de temps : ils sont sans cesse au service de la grande Cause. Chez les plus avancés d'entre eux, même, la conscience n'est point interrompue par le sommeil ; lorsque nous nous endormons, eux, tout simplement quittent leur corps physique pour se rendre à leur travail astral. Et la nature de ce travail, vous la devinez : rassurer les nouveaux venus dans *l'astral*, les consoler, les aider à évoluer vers la lumière. Combien de ces pauvres âmes, brusquement éveillées dans ce monde inconnu, y apportent tous leurs préjugés, toutes leurs craintes orthodoxes, leur effroi de l'enfer. L'une des principales missions de nos Aides est de calmer ces

---

[21]   *Les Aides invisibles*, de C.-W. Leadbeater.

craintes et d'indiquer à ces âmes le moyen d'avancer plus rapidement vers leur but, qui est, pour le moment, la Vie céleste. Ils ont aussi parfois des missions terrestres à. remplir, soit dans de grandes catastrophes, soit dans des cas de dangers individuels. Que de vies humaines ils ont ainsi protégées, — *comme par miracle,* avec l'autorisation du Karma ! Que de pauvres êtres dans la détresse et dans l'angoisse ils ont consolés, rassurés, en jetant dans leurs âmes consolation et paix.

Cependant le nombre de ces Aides invisibles est encore bien limité, et le devoir de tout bon théosophe est de se rendre apte à remplir cette belle tâche et d'augmenter ainsi la phalange des anges gardiens et consolateurs.

Et, bien avant d'acquérir le pouvoir de quitter consciemment et à volonté notre corps, nous pouvons prêter notre concours à ces nobles Frères aînés. Par nos prières avant de nous endormir, par nos désirs et nos aspirations, notre volonté d'aider une personne déterminée, nous ferons en sorte que notre corps astral, sitôt libéré, se rendra automatiquement là où nous voulions l'envoyer. Et nous pourrons apporter de l'aide et du secours ; notre Conscience astrale, sur laquelle notre désir se trouvera imprimé, pourra le traduire aussi bien que notre conscience physique l'eût fait.

Si nous ne nous souvenons de rien au réveil, qu'importe ! Le bien n'aura-t-il pas été accompli ? L'âme souffrante, qu'elle soit ou non dans sa prison de chair, n'aura-t-elle pas été rassurée, fortifiée par notre affection, par nos paroles d'encouragement, par notre enseignement des grandes vérités, qui sont notre force et notre joie ? C'est encore un travail laborieux que de rappeler les souvenirs de la vie astrale dans la conscience physique, et pour nous, débutants, pour notre petite vanité, l'oubli est préférable au souvenir, Il nous reste parfois l'impression, très faible mais très nette, d'une parole dite et entendue, d'une forme blanche voilée qui disparaît aussitôt. Et c'est assez pour nous encourager dans notre noviciat.

Je pourrais vous expliquer ici la différence qui existe entre les diverses sortes de rêves et les souvenirs de *l'astral* mais cela ne rentre pas dans mon cadre.

Laissez-moi vous le dire encore, ô mes frères et mes sœurs, vous qui pleurez des êtres chers 1 Ayez la force d'imposer silence à votre douleur, non seulement stérile mais égoïste, puisqu'elle retarde les progrès de vos aimés. Ne les appelez pas vers vous, mais allez les retrouver : ne les faites pas descendre jusqu'à vous, mais élevez-vous vers eux ; que votre amour soit une force qui les pousse en avant et non un poids écrasant qui les attire en arrière ; que vos prières soient pour eux comme une rosée rafraîchissante ; que vos pensées pleines de tendresse, de confiance et d'espoir leur créent une atmosphère de paix et de lumière !

    Vivez noblement, purement ; vous ne sauriez leur rendre un meilleur hommage, ni un plus grand service. Car plus vos vies seront pures, impersonnelles, vouées à quelque noble but, plus vous serez qualifiés pour remplir un rôle important dans le inonde invisible, Ne vous abandonnez pas au désespoir ; ne considérez pas votre vie comme finie puisqu'ils ne sont plus là, — vivez au contraire *comme s'ils étaient là*, tâchant de mettre la même ardeur, le même intérêt à vos occupations journalières.

    Oui, vivez noblement... et vivez en paix : — vous les retrouverez, les êtres chéris, et non seulement au delà des portes de la mort, mais encore dans mainte vie terrestre. Vous vivrez ensemble, comme vous avez vécu jadis, en des temps antérieurs.

    Pensez-vous que les liens étroits, les sentiments profonds qui vous unissent à eux ne proviennent que de cette vie ? Ne sentez-vous pas que votre tendresse date de plus loin,.., d'infiniment loin ? Ne vous semble-t-il pas les avoir toujours connus, aimés ?

De même que la réincarnation nous fait comprendre plus aisément ces grandes affections qui prennent notre vie tout entière, de même elle nous donne la solution du problème de nos sympathies *à priori*, irraisonnées, — car nous renouons bien souvent, à un moment donné de notre vie, les liens formés dans nos préexistences.

Comment mieux expliquer ces sympathies soudaines qui nous attirent parfois vers des âmes que la destinée met sur notre roule, — des âmes qu'il nous semble connaître depuis toujours, elles qui nous étaient inconnues la veille encore ? Comment mieux expliquer ces amitiés subites... et cependant durables ? et surtout ce qu'on appelle le coup de foudre de l'amour ? rencontre de deux âmes qui, à travers d'autres corps se reconnaissent, attirées irrésistiblement l'une vers l'autre, — sans que parfois la personnalité s'en doute. « *Tu es celui que j'attendais* », dit un regard. « *Tu es celle que j'ai toujours aimée* », répond l'autre.

Le Karma les remet en présence aujourd'hui encore, soit pour les unir, pour leur donner ce bonheur si doux, si complet qu'il n'est presque pas de la terre, soit pour les séparer pour toute celle incarnation, en conséquence de leurs actes passés, — d'un amour coupable peut-être...

Il nous arrive de vivre, depuis de longues années, avec des êtres à qui nous ne dévoilons pas tous les recoins de notre âme, pour lesquels nous n'avons, pour ainsi dire, que des sentiments de commande : — ceux-là sont des nouveaux venus dans nos affections. D'autres, que nous connaissons depuis peu, reçoivent spontanément ce qu'il y a dans notre cœur de plus aimant et de plus profond : — anciens liens de tendresse qui se reforment dans notre vie actuelle.

Par la même raison nous nous expliquons ces antipathies étranges — rares heureusement — qui séparent deux êtres, sœur et frère, père et fils dans une même famille, antipathie sans excuse apparente ; par la même raison nous nous expliquons ces foyers glacés où deux époux vivent, côte à côte, ainsi que deux étrangers, deux galériens attachés à la même chaîne. N'ayant mutuellement aucun reproche à se faire, souffrant tous deux, sans chercher à se rapprocher ne partageant rien en commun, ni peine, ni joie ; ne s'adressant la parole que devant le monde ; le cœur ulcéré, avide d'affection, et ne pouvant s'aimer, et ne voulant pas s'aimer : cette antipathie (appelée généralement, dans le monde, incompatibilité d'humeur) a parfois sa source dans une cause karmique grave. Et si, dans leur vie d'aujourd'hui, par des efforts mutuels, de mutuelles concessions, les fleurs de l'indulgence, de l'amour et du sacrifice ne s'entr'ouvrent pas sur les bords du gouffre qui les sépare, la Loi de justice les remettra face à face dans une existence suivante,... puis dans une autre encore, jusqu'à ce qu'ils aient appris le pardon et l'amour. Car « la haine ne s'éteint pas par la haine, a dit le Bouddha, la haine ne s'éteint que par l'amour ».

Vous parlerai-je du Ciel maintenant ? Le Ciel ! Comment décrire l'intensité de bonheur, l'extase de l'âme qui, après sa seconde mort [22], se réveille dans les flots d'une lumière glorieuse, au son des harmonies sublimes que l'on appelle la *musique des sphères !* L'âme soupire ; elle n'a qu'un regret : c'est d'avoir laissé derrière elle tous ceux qu'elle aime et qu'elle voudrait voir partager sa joie. Mais que voit-elle soudain ? Les êtres chéris se pressent autour d'elle, souriants, comme s'ils ne l'avaient jamais quittée. Ils sont là, et lui font cortège dans ce monde de gloire. Et plus rien ne man-

---

22   La mort du *corps astral*, c'est-à-dire sa désagrégation, mort qui n'a rien de pénible ; elle consiste simplement à entrer dans un nouvel état de conscience, *l'état de conscience mental ;* autrement dit, pendant toute la période céleste, la conscience agit dans le *corps mental.*

quera désormais à cette âme. Toutes les satisfactions intellectuelles — si elle était intellectuelle — toutes les joies de l'art le plus élevé — si elle aimait les arts — toutes les extases de la dévotion — si elle était religieuse... toutes ces choses seront son partage dans le monde céleste. Elle goûtera le bonheur le plus intense, le plus complet que sa nature même la rendra capable de ressentir et de réaliser.

Et il en est ainsi de toutes les âmes, puisque — si différentes les unes des autres et par leur âge et par leurs capacités — le même bonheur ne saurait les contenter toutes. Le bonheur sera toujours le plus intense et le plus élevé qu'elles soient capables de concevoir, quelle que soit la nature de ce bonheur.

Au Ciel l'âme récolte la pleine et riche moisson, rendue au centuple, de tous ses actes désintéressés, de toutes ses pensées pures et belles, de toutes ses aspirations spirituelles. Elle récolte également la moisson de ses efforts intellectuels et artistiques, de tous ses travaux désintéressés. Celui qui a beaucoup semé récoltera une riche moisson : de longs siècles de félicité ininterrompue.

Mais l'être le plus bas dans l'échelle de l'évolution, l'être le plus ignorant, le plus pauvre moralement, le criminel aura même son entrée dans le monde céleste, pourvu qu'il ait à son acquis quelques pensées généreuses, quelques actes de compassion et de bonté. Ciel bien court, en vérité, et généralement somnolent, car cette âme ne peut récolter que la moisson de ses maigres semailles. Tout le mal accompli, elle le retrouvera sous forme de souffrances dans sa prochaine vie terrestre ; mais ce court passage dans un monde de paix et de gloire laissera quelque impression sur elle et contribuera à la développer.

Et toute cette félicité du Ciel n'est pas une perte de temps, comme pourraient l'objecter quelques-uns d'entre vous, gens pratiques, et pressés de mener à fin leur évolution. Au ciel, comme dans un immense laboratoire, une lente élaboration se produit. Toutes les expériences belles et nobles de l'homme sont transformées graduellement en facultés ; toutes ses aspirations se changent peu à peu en pouvoirs, ses efforts terrestres en aptitudes. Grâce à cette transmutation, l'homme reviendra plus riche sur la terre, Il aura récolté le prix de tous ses efforts intellectuels, de toutes ses aspirations spirituelles, transmués en capacités et en vertus innées, qu'il rapportera à sa naissance prochaine. Le ciel est donc une période d'assimilation aussi nécessaire au progrès, au développement de l'âme que la période de ses activités, de ses expériences terrestres.

« Il faut donc toujours penser à ce retour sur la terre », soupirera quelqu'un d'entre vous ; « nos religions nous promettent aussi le bonheur céleste, mais non pour des siècles seulement : pour toute l'Éternité. »

— Dites-le vous-même, ma sœur,... comment une chose limitée pourrait-elle avoir un résultat illimité ? Cela est contraire à toutes les lois de la nature. Non ! pas plus d'éternité de joies [23] que d'éternité de peines (l'enfer !... quel défi monstrueux à l'amour du Père !) ; niais la pleine mesure du bonheur mérité. Et si l'un de vous persiste à trouver trop courts ces longs siècles de félicité, je lui dirai :

« Si jamais vous avez connu le bonheur le plus intense qui puisse être goûté ici-bas, soit par l'amour, soit par de pures émotions, comment pouvez-vous mesurer le bonheur au temps ? N'avez-vous pas éprouvé qu'une minute peut en contenir des siècles ? que les heures et les jours heureux s'écoulent avec la rapidité d'une minute ?... La longue extase du Ciel s'écoule ainsi, rapide et éternelle tout à la fois. »

Le Ciel possède également diverses régions, dans lesquelles l'âme s'élève graduellement ; mais ces détails n'ont rien à voir avec notre présente étude, et nous omettrons de même la mort du *corps mental*, après la

---

23   Je ne parle, ici, que de tous ceux qui sont engagés dans notre évolution humaine.

vie céleste, et le retour de l'âme à la terre par une nouvelle incarnation.

Je sais que parmi vous il en est plusieurs qui désiraient aborder ce mystère incompréhensible de notre existence, à la fois sur terre comme personnalité, et comme forme-pensée vivante auprès des êtres aimés dans le Ciel. Comment pareille chose peut-elle être possible ? Comment puis-je, moi qui vous parle, vivre parfaitement consciente sur la terre, ignorant qu'un autre *moi-même*, ou plusieurs autres *moi-même* se trouvent au Ciel, auprès de tel ou tel ami ?

C'est ce que j'essayerai de vous faire comprendre.

Traitant si sommairement la question des régions astrales et mentales — autrement dit le Purgatoire et le Ciel — je n'ai pu vous dire que dans ces régions *la pensée a le pouvoir de créer des formes*, car leur atmosphère est formée par une sorte de matière particulièrement malléable que l'on appelle l'essence élémentale ou monadique, suivant la région qu'elle traverse. Cette essence a pour caractéristique la vie ; — c'est la monade en *involution* si vous vous rappelez ce point — et elle est le matériel de construction de toute forme-pensée. Sous l'impulsion d'une pensée, elle s'élabore donc en forme avec la rapidité de l'éclair, — forme qui persiste plus ou moins longtemps suivant la force et la durée de cette pensée, Dans le monde céleste, l'âme donc, avec une pensée d'amour profond, d'intense affection, dirigée vers un être aimé, demeuré sur la terre, créera la forme de cet être, son image exacte bien qu'idéalisée [24].

Voilà donc un premier point à retenir.

En second lieu, je vous ai dit que notre Ego réside dans la partie supérieure du *monde mental* ou Ciel; je vous ai dît également que, de là, il ne peut influencer directement les personnalités successives qui le représentent sur la terre, mais qu'il envoie une projection de lui-même animer ces personnalités. Maintenant que vous vous rappelez ceci, représentez- vous l'Ego résidant dans le Ciel, sous l'aspect d'un petit soleil, envoyant ses rayons dans toutes les directions. Un rayon vivifie la personnalité, sur la terre. D'un autre côté, attiré par la pensée aimante de son ami mort, pensée qui aura déjà eu pour effet de créer l'image ressemblante de la personnalité, l'Ego envoie un autre rayon animer et vivifier celle forme-pensée, Vous comprenez maintenant combien cette image est vivante, puisqu'elle est animée par une projection de l'Ego lui-même.

---

24    La matière mentale étant infiniment plus subtile que la matière physique, ce détail se comprendra aisément.

Et c'est ainsi qu'il vous est possible d'exister, non seulement consciemment sur la terre, mais encore en toute conscience au Ciel. Votre image est un autre vous-même et n'est pas plus une illusion que votre personnalité, toute persuadée que soit celle-ci de son importance unique [25].

Je vous ai déjà dit que l'illusion dépend toujours du véhicule dans lequel fonctionne, pour le moment, la conscience [26]. Dans le corps physique, la conscience traite d'illusoire la vie astrale. Dans l'astral, elle prend en pitié la vie terrestre. Dans le monde mental, la conscience saisit l'illusion de ses existences terrestre et astrale également; et elle a raison, car elle est de deux degrés plus près de la réalité. Plus nous nous élevons vers les régions supérieures, plus nous sommes voisins de la réalité.

A ceux d'entre vous qui persisteront à traiter le bonheur céleste d'illusoire, je dirai: Sans celle soi-disant illusion, le Ciel ne serait pas le Ciel. Le Ciel doit

---

25   Il est presque inutile d'ajouter que plus l'Ego est développé, plus la forme-pensée qu'il anime est vivante et consciente.
26   La conscience signifie, employée ainsi, un *état d'âme,* et non la voix qui parle en nous, résultat de nos expériences et que, plus haut, nous avons appelée la conscience morale.

offrir l'idéal de félicité le plus intense, le plus complet. Or il est des cœurs aimants et tendres qui ne sauraient concevoir de bonheur sans la présence des êtres aimés. La mère saurait-elle être heureuse si elle n'était entourée de ses enfants ? l'épouse le serait-elle loin du mari qu'elle adorait.

Vous me direz que, de là-haut, on peut suivre du regard les êtres aimés sur la terre, veiller sur leur bonheur… Il n'en est pas ainsi — entre le Ciel et la terre il n'y a, en général, pas de communication, le Ciel étant une région spécialement préservée de tout mal, de toute souffrance. Songez au déchirement de la mère qui verrait ses enfants se perdre, au désespoir de l'épouse qui verrait son mari amener, au foyer domestique, une femme qui le rendrait malheureux et serait une mauvaise mère pour les petits orphelins… — Soyez certains que la Loi divine agit toujours pour le mieux, et remettez-vous avec confiance entre les mains du Dieu d'amour et de justice, du Dieu qui est si véritablement le Père de toutes ses créatures, de tout son Univers.

Mes frères et mes sœurs, si vous m'avez suivie attentivement, vous possédez maintenant un aperçu, quelque connaissance, si vague et incomplète qu'elle soit, de la manière dont nous envisageons la souffrance au point de vue théosophique. J'ai essayé de vous démontrer qu'elle est toujours le résultat d'une cause dont nous sommes les auteurs, et que, par conséquent, chacun de nous est l'arbitre de ses destinées heureuses ou malheureuses; j'ai essayé de vous prouver que la souffrance a son utilité et son but; qu'elle est une aide puissante à l'évolution et que, finalement, elle disparaît dans les hauteurs glorieuses où sont parvenus les Hommes divins.

Avant de nous séparer, si vous le voulez, et si la souffrance humaine vous effraye moins, si vous vous êtes un peu réconciliés avec elle, je voudrais vous la montrer sous un autre aspect — un aspect de grandeur sublime qui devrait nous faire plier les genoux. Nous allons entrer, un moment, dans le Sentier de la douleur [27], dont je vous esquisserai, en quelques mots, les étapes, A ce Sentier de la douleur, qui est aussi celui de la gloire, mène un sentier plus étroit, mais moins escarpé, que l'on appelle le Sentier de l'épreuve.

La douleur!... l'épreuve!... tristes enseignes pour attirer les hommes! Lesquels d'entre eux, pensez-vous, et dans quel but consentiront-ils à fouler ces sentiers? Lesquels?... ceux qui sont courageux, dévoués et qui

---

27  Lire le beau livre *le Sentier du Disciple*, par Annie Besant, et *Vers le Temple*, du même auteur.

rêvent, si peu de chose qu'ils soient, de coopérer à la grande Œuvre rédemptrice. Dans quel but ? Dans le but glorieux de devenir des Sauveurs du monde. Parcourir en un nombre déterminé de vies ce long chemin de l'évolution, qui en demanderait des milliers encore, et cela pour devenir un coopérateur actif de la Loi divine, pour se consacrer entièrement à l'humanité et pour aider à sa marche en avant, de siècle en siècle, jusqu'à ce que le dernier des humains soit arrivé à la libération : voilà ce que nous entendons par un Sauveur du monde. Krishna, le Bouddha, ont été les Sauveurs des races orientales ; à une époque plus récente, le Christ a été le Sauveur pour l'Occident. Mais ce n'est point par sa mort, par sa crucifixion qu'il a conquis ce litre glorieux, c'est par Sa vie... par Ses vies, toutes consacrées au bien de l'humanité.

Ici vous m'arrêtez... Je vous ai froissé, tout au moins surpris, n'est-ce pas, mes frères, en mettant la grande figure du Christ en parallèle avec ces autres grandes figures de Krishna et du Bouddha qui, selon vous, n'ont pas titre à la divinité ?... Cependant, eux aussi sont des envoyés de Dieu, des fils du Père, des frères du Christ [28]. Ils ont fondé de grandes religions qui ont éclairé et amené à Dieu des millions d'hommes auxquels ils ont apporté *ce qui leur était nécessaire,* — de même que le Christ nous a donné, à nous, Occidentaux, les enseignements *dont nous avions besoin.*

Il y a dix-neuf siècles que ce divin Maître est venu à nous... Croyez-vous que la Sagesse divine eût laissé dans les ténèbres et dans l'erreur, sans aide et sans rédemption possible, les races qui se sont succédé dans le monde ; les millions d'âmes qui se sont incarnées avant son arrivée ? Penser ainsi, n'est-ce pas douter de la Sagesse, de l'Amour, de la Justice de Dieu ?

---

28    Et ils le proclament avec autorité. Krishna dit : Je suis la Voie.., Pense à moi, sers-moi, offre-moi le sacrifice et l'adoration ; par là tu viendras à moi... Ceux qui se réfugient en moi, et cherchent en moi la délivrance de la vieillesse et de la mort, ceux-là connaissent Dieu, l'Ame divine et le Karma. » (La *Bhagavad Gita.*) Bouddha dit : « Ma Loi est une Loi de grâce pour tous... Celui qui cherche un refuge dans le Bouddha et dans la Loi, celui-là voit avec les yeux de la Sagesse parfaite... Voilà le refuge sûr, le refuge suprême où l'on trouve l'affranchissement de toute douleur. » (*Dhammapada.*) Plus d'une analogie, dans ces paroles, avec celles du Christ : « Je suis le chemin, la vérité et la vie... » et « Venez à moi, vous tous qui êtes travaillés et chargés, et je vous donnerai le repos. »

Le Christ a grandi comme nous ; comme nous il a connu l'ignorance et la faiblesse ; comme nous il a connu les luttes et la souffrance, et c'est par un long pèlerinage à travers les âges qu'il est devenu l'Être glorieux que nous adorons, le fondateur et le chef suprême de la Chrétienté, sur laquelle Il veille toujours encore. N'est-il pas plus grand, *étant devenu le Christ,* que s'il l'avait toujours été ? Est-il rabaissé, humilié parce que nous ne le considérons pas comme le seul Sauveur du monde ? Ce fait lui enlève-t-il quelque chose de sa perfection divine, de l'autorité de sa parole, de son amour infini pour l'Humanité ? Est-il plus petit parce que d'autres grands Êtres ont ouvert les bras, comme lui, à celle Humanité souffrante et se sont sacrifiés pour elle ?

C'est triste à dire, mais, de toutes les religions, aucune presque n'est aussi dédaigneuse des autres, aussi jalouse de sa seule autorité que notre religion chrétienne. Elle seule est bénie de Dieu, approuvée par Dieu ; elle seule proclame la Vérité ; elle seule conduit au salut.

Avec un tel parti pris d'exclusivisme, il est naturel que la plupart des chrétiens n'étudient pas les grandes religions antiques, comparativement à la leur — je parle ici de l'Hindouisme, du Bouddhisme, du Zoroastrime, des religions de l'ancienne Egypte, de la Grèce, etc. — seul, le Judaïsme leur est familier [29].

Cependant le Christianisme n'est que l'une des facettes de ce diamant pur, qui est la Vérité — l'une des branches provenant, comme toutes les autres, de ce tronc unique qui est la Religion-une, la Religion-mère, la Religion universelle.

Pourquoi cette intransigeance ? Pourquoi les chrétiens ne pourraient-ils, sans cesser de servir et d'adorer leur Maître, appartenir *premièrement à la grande Religion universelle ?*... tout comme, à un degré inférieur, catholiques romains ou grecs, protestants réformés ou luthériens, et fidèles de toutes sectes se disent *d'abord chrétiens* avant d'appartenir à leur confession particulière ? C'est ce que nous faisons, nous théosophes. Nous appartenons à la grande Religion universelle, remise en lumière par la Théosophie, — puis nous sommes ensuite chrétiens, hindouistes et bouddhistes, etc., selon le culte auquel nous appartenons. Et la plupart d'entre

---

29   Lire le beau livre d'Éd. Schuré : *Les grands Initiés.*

nous ne quittent pas cette religion particulière, ne la renient pas, en suivant les enseignements théosophiques. C'est ce qu'a dit éloquemment une grande âme :
Il n'y a pas d'incroyants, pas d'hérétiques pour nous. Qu'est-ce que l'hérésie ? une autre manière de voir la vérité ; et pour nous, théosophes, *pour qui toutes les religions sont vraies*, il n'y a pas d'hérésie. Pour nous il y a *la Religion*, et non une religion. Par conséquent, nous ne disons jamais aux hommes : « Quittez votre religion pour entrer dans cette autre religion. » — « Êtes-vous
« chrétiens, disons-nous, restez chrétiens, mais chré-
« tiens spiritualistes et mystiques ; faites des recherches
« profondes dans votre religion, et trouvez-en la base,
« trouvez-en les fondements : ne vous contentez pas de
« rester à la surface... »

« La Théosophie répète les mêmes paroles aux autres religions ; parmi les Hindous nous travaillons pour la religion hindoue ; parmi les bouddhistes nous travaillons pour le Bouddhisme ; parmi les chrétiens nous travaillons pour le Christianisme.

« Pour nous, toutes les religions sont divines ; nous ne voulons que les rendre plus grandes, plus larges, plus spiritualistes, plus véritablement religieuses, en un mot, afin qu'elles reconnaissent, comme base commune, l'amour de Dieu et l'amour de l'humanité [30]. »

Voici les mêmes nobles idées, exprimées dans un livre chrétien :

« Restez dans l'Église et la société où vous êtes, afin de les pénétrer de l'universalité de l'Esprit pur.

« Demeurez dans le symbole où vous priez, mais en le concevant, en l'aimant et en le pratiquant par l'universalité de l'Esprit pur...

« ...Soyez pénétrés d'un tel amour pour Dieu et pour vos frères que vous n'excluiez aucune religion, aucun culte, parce que ce sont les formes diverses sous lesquelles les hommes ont adoré ou adorent un seul et même Dieu ; et que cet amour soit tellement spirituel qu'il transfigure tous les cultes en un seul et même culte, toutes les religions en une seule et même religion...

« Adorez Dieu en esprit et en vérité ; et toutes les divisions des religions s'évanouiront pour vous dans l'amour ; vous ne verrez plus en elles que la manifestation d'un seul et même Esprit, les expressions successives d'une seule et même Vérité ; et vous reposant ainsi, par l'amour, dans l'unité de cette religion universelle et de ce culte éternel, vous élèverez le temple de la paix

---

30   Voir dans le recueil des *Conférences* de 1900 la conférence intitulée : « Le But de la Société Théosophique », par A. Besant.

où tous les hommes viendront sacrifier au Dieu unique et indivisible, annoncé par le Christ, et dont l'apôtre bien-aimé a dit :

« Dieu est amour, et ainsi quiconque demeure dans l'amour demeure en Dieu, et Dieu demeure en lui [31]. »

Je le répète encore. Pourquoi, au lieu de tenir les yeux fixés sur l'un seulement des rayons de la Lumière divine, n'osons-nous élever nos regards sur la Lumière même d'où provient ce rayon ? — la Vérité, qui est à la base de toute religion, et qu'il faut servir au-dessus de toute religion ?

Quels horizons grandioses s'ouvriraient devant nous, si nous cherchions à puiser aux sources mêmes de la Vie !... si nous reconnaissions toutes les grandes religions, données aux hommes, comme des flambeaux divers allumés à la même Flamme, et sacrés de la même Autorité divine !... si nous reconnaissions les fondateurs de ces religions diverses comme les messa-

---

[31] *Le Règne de l'Esprit pur.* Se trouve chez Leymarie, 42, rue Saint-Jacques. C'est la plus belle interprétation chrétienne, me semble-t-il, de l'universalité des religions,... une noble leçon de tolérance, donnée sous une forme mystique, où la poésie s'unit à la profondeur.

gers du même Dieu d'amour, les fils d'un même Père, venus à des époques différentes pour instruire, pour sauver l'humanité !

Pardonnez-moi cette longue digression ; — elle était nécessaire pour couper court à toute équivoque ; — ... et reprenons notre pèlerinage de la douleur.

Le Sentier de l'épreuve est le commencement de ce Calvaire, douloureux certes, mais mille fois plus glorieux encore. Le candidat, en y entrant, sait ce 'qui.l'attend ! il sait ce qu'On demande de lui ; un travail patient, ininterrompu dans le domaine intellectuel, moral et spirituel. Il se sent bien peu de chose, bien petit en force de pensée, bien pauvre en vertus. Il lui faut faire tous ses efforts pour acquérir la force, le contrôle de la pensée, la concentration de son esprit. Il faut qu'il devienne, petit à petit, maître de son mental. Et ce n'est pas chose facile. Il y a environ cinq mille ans, Ajourna disait à Krishna [32] : « O Krishna, le mental est inconstant, mobile et impétueux ; il est aussi difficile à soumettre que le vent. » Mais, par-dessus toute chose, le candidat sait qu'il doit apprendre à dominer ses pas-

---

32   La *Bhagavad Gita*, transcrite par E. Burnouf.

sions, à vaincre sa nature inférieure, son égoïsme, à établir solidement les bases de son caractère, à développer en lui le dévouement, l'abnégation, la spiritualité, à apprendre à faire le bien pour le bien et non pour le désir de l'approbation, — pas même en vue du progrès personnel. « Croîs comme croît la fleur, inconsciente, mais ardemment désireuse d'ouvrir son âme à l'atmosphère. C'est ainsi que tu dois hâter l'éclosion de ton âme à l'éternel. Mais il faut que ce soit l'éternel qui sollicite l'épanouissement de la forcé et de ta beauté, et non pas le désir décroître ; car, dans le premier cas, tu te développes dans toute la splendeur de la pureté, dans l'autre, lu ne fais que l'endurcir par l'inévitable passion de la stature personnelle [33]. »

Bien des obstacles feront face à ce candidat, car l'âme, une fois qu'elle a adopté une certaine attitude intérieure, une fois qu'elle a résolu, consciemment, de se donner sans réserves à cette grande Cause de l'humanité, l'âme verra fondre sur elle une foule de difficultés et d'épreuves. De ce qui l'attend, sur le Sentier de la douleur, elle en a déjà un avant-goût dans sa condition présente. Elle sait que le Karma, amassé par elle dans nombre d'existences passées et qui, dans le cas de l'évolution ordinaire, se déchargerait, peu à peu, de

---

[33] *La Lumière sur le Sentier*, par M. C.

vie en vie, de son fardeau, — elle sait que ce Karma se déversera sur elle en quelques incarnations, et qu'elle boira, jusqu'au fond, la coupe des douleurs. Mais elle sait aussi qu'autrement elle ne pourrait avancer très rapidement; que cet amas de dettes anciennes serait une entrave à sa course, et elle accepte vaillamment les menaces de la tempête. Certes, bien des défaillances, bien des chutes à enregistrer sous l'assaut des tentations, bien des heures noires dans l'épreuve; mais l'âme fidèle est résolue à vaincre; elle est dévouée aux grands Êtres qui la précèdent, lui montrant le chemin. Et elle ne se décourage pas. Elle continue son ascension s'accrochant aux buissons du chemin, aux aspérités du roc, dans les moments difficiles; tombant pour se relever et reprendre la montée. La lumière divine une fois entrevue, l'âme ne saura plus l'oublier; le but glorieux reconnu, choisi en pleine conscience, l'âme, pleine d'enthousiasme et de foi, se sentira des ailes pour le réaliser, ardemment désireuse d'aider ses frères, prête à tous les sacrifices, même à celui de la vie s'il le faut, pour la Cause qu'elle est résolue à servir. Et, si les tentations surviennent irrésistibles, si la nature inférieure se soulève et la trahit, même alors elle ne perd pas courage, elle ne renie pas son but. Et, défaillante, elle garde une image sainte, par devers elle...

Au bout de quelques vies d'épreuve, peut-être, sera-t-elle jugée digne d'entrer dans le Sentier de la douleur. Alors la grande révélation de l'Unité la remplira de joie et de lumière ; elle sentira tressaillir en elle le divin nouveau-né, *le Christ* ³⁴. Alors elle se trouvera face à face avec Ceux qu'elle pressentait, qu'elle vénérait, mais qu'elle n'avait pu voir encore, et la main dans Leur main, cette fois, elle continuera son chemin. Chemin toujours plus escarpé, toujours plus sombre ; elle connaîtra la souffrance sous sa forme la plus amère, la plus aiguë ; les épreuves les plus cruelles se déverseront sur elle, car maintenant il lui faudra acquitter, en très peu de vies — une ou deux vies peut-être — les dettes qui lui restent à payer. Il lui faudra faire face au déchaînement de la tempête, avec un front toujours plus serein, avec un courage toujours plus intrépide ; il lui faudra développer toujours davantage les vertus elles pouvoirs auxquels elle s'était exercée dans le Sentier de l'épreuve. Combien la tâche est plus ardue !... d'apparence insurmontable ! — mais une main bénie la

---

34 La première *grande Initiation*, qui n'a rien à voir avec les initiations dont la littérature courante parle si légèrement, consiste dans l'éveil du *principe-Christ* (*âme spirituelle* ou *principe bouddhique de la Théosophie*), lequel, lorsqu'il est complètement développé, ouvre au grand Initié les portes de l'Adeptat, car il est arrivé, alors, à la « mesure de la stature parfaite du Christ ».

soutient, la guide,... la main de son Maître,... et cette main compatissante aide à tout endurer.

Une nouvelle étape du Sentier est ainsi franchie... Et voici que tout devient sombre; les ténèbres l'entourent; la tendre main s'est évanouie; l'âme se croit seule, abandonnée, quoique en réalité son Maître soit toujours là; des doutes angoissants tentent de s'emparer d'elle. Si elle s'était trompée!... si la vérité n'était pas là!... Coupe de tristesse spirituelle dont elle boit toute l'amertume... Et malgré cette tristesse de l'abandon et des doutes qui torturent, malgré l'obscurité qui l'entoure, il faut marcher, continuer sa route, continuer à édifier les vertus divines, à se défaire de toutes les entraves terrestres.

Ainsi luttant, souffrant jusqu'à l'agonie, mais vaillante, obstinée, l'âme continue sa route; elle franchit de nouvelles étapes. Avec ces nouvelles étapes de nouvelles épreuves l'attendent. Son rôle de Sauveur de l'humanité, elle doit y débuter, en souffrant les douleurs du Christ à Gethsémani, en portant le fardeau des péchés et des douleursdu monde. Fardeau écrasant pour des épaules humaines,... douleur si intense qu'elle nous ferait perdre la raison, à vous et à moi, ô mes frères et mes sœurs! Et cependant l'âme les accepte, l'âme les demande,., soumission sublime à la Volonté divine, acceptation volontaire d'une croix lourde comme le monde lui-même ! Une telle souffrance est sacrée ; taisons-nous et bénissons,... si nous avons compris.

L'âme enfin, au terme du Sentier de la douleur, voit s'ouvrir pour elle le temple saint où elle reçoit la couronne de libération. Là, elle est à l'abri des ouragans ; elle a dit adieu aux souffrances humaines, elle ne souffrira plus, désormais, car elle a évolué Dieu,... et Dieu ne peut souffrir. Mais, là aussi elle accomplit le dernier, le plus sublime des sacrifices. Elle renonce à entrer dans la joie éternelle, dans la félicité consciente, indescriptible de son état divin et de son union avec Dieu, afin de se consacrera tout jamais au service de l'humanité.

« Celui qui a gagné la bataille, qui tient le prix dans sa main, mais qui dit, en sa divine compassion :

« Pour l'amour des hommes je cède cette grande « récompense », celui-là accomplit la Grande Renonciation :

« Un sauveur du Monde, voilà ce qu'il est [35]. »

---

[35] *La Voix du Silence*, par H.-P. Blavatsky.

Ces hommes divins, nous les appelons *les Maîtres*. Deux d'entre Eux sont les fondateurs occultes de la Société Théosophique.

Et maintenant, mes frères et mes sœurs en humanité, que pensez-vous de vos souffrances ? Devant l'avenir sublime qui nous est réservé, devant le but grandiose qui n'est atteint qu'au prix du renoncement et de la douleur, ne pensez-vous pas qu'il faille, dès maintenant, nous habituer à l'idée de souffrir, accepter vaillamment les épreuves qui nous sont envoyées ? Ne pensez-vous pas que nous devrions considérer la souffrance comme une aide, comme une amie, et l'accueillir comme telle, sans crainte, sans révolte, sans découragement ? Ne pensez-vous pas que si de grands Êtres portent, par amour et par compassion pour nous, des douleurs qu'ils n'ont pas méritées, nous ne devrions pas essayer de supporter, avec une résignation parfaite, les douleurs que nous avons créées nous-mêmes ?

O vous, mon frère, qui menez une existence pénible de pauvreté, de luttes matérielles, qu'une vie passée peut-être trop égoïste vous a value, comprenez-vous que ces souffrances doivent être pour vous, en même temps que l'acquittement d'une dette, un moyen de développement? Les luttes matérielles développent l'énergie, l'endurance, la patience, toutes qualités qu'une vie luxueuse ou facile ne peut enseigner. Et, si vous acceptez courageusement cette leçon, dans votre prochaine vie vous n'aurez plus à la recommencer.

Vous, mon frère, qui avez perdu celle que vous adoriez, et Vous, pauvre mère, qui pleurez votre trésor, sachez que ces êtres chers étaient auprès de vous peut-être, dans un passé lointain, mais alors méconnus, abandonnés, ou même maltraités. La Loi divine vous les enlève aujourd'hui, faisant d'eux les instruments de sa justice... Mais cessez de pleurer; ne savez-vous pas que jamais les liens créés par l'affection ne se dénouent? Ils demeurent de vie en vie; vous les retrouverez après la mort, vos bien-aimés, vous revivrez encore ensemble, bien souvent, pleins d'amour et préservés alors de la séparation douloureuse. Puis vous savez aussi maintenant que là nuit vous les retrouvez, si voire pensée les cherche avant de vous endormir; vous savez qu'il ne tient qu'à vous, à vos efforts, à votre constance de communiquer un jour consciemment avec le monde invisible. Par amour pour eux, que votre douleur se fasse paisible et résignée !

Vous, mon pauvre frère, qu'une maladie longue et cruelle relient sur un lit de souffrance, vous voyez aussi là l'œuvre du Karma ; ce que vous aviez semé dans une vie terrestre, vous le récoltez dans votre corps physique. Vous savez aussi maintenant qu'en acceptant votre état, sans révolte, vous vous créez du bon karma. Et, par-dessus tout, voire consolation la plus grande est de penser que vous pouvez vous rendre utile ; que, si vous êtes dans l'impuissance d'agir physiquement, il vous est possible d'être un travailleur mental, un penseur bienfaisant, un ami, une aide, pour l'Humanité.

Vous, pauvre enfant trahie par celui que vous aimiez, soyez certaine que vous lui avez payé une grosse dette. Vous lui deviez hélas ! cette douleur ; et, au lieu de le maudire, bénissez-le, car désormais vous êtes quitte, délivrée de ce fantôme du passé. Ne lé regardez que comme un instrument du destin, et que votre cœur s'ouvre tout grand à la pitié ; à la sympathie pour tous les êtres au lieu de demeurer contracté par la haine. Vous verrez combien votre souffrance en sera adoucie.

Vous, que la calomnie poursuit, ne sentez-vous pas que, sans doute, vous avez calomnié, vous aussi, jadis ? que cette dure épreuve, qui vous poursuit n'est que l'effet d'une cause ? Résignez-vous patiemment à subir ce résultat de vos paroles, — autant l'épuiser complètement dans une vie que d'en avoir toujours la menace suspendue au-dessus de votre tête.

Vous, mon frère, qui rêviez les ivresses de la célébrité et qui êtes condamné à une vie mesquine, voici encore une leçon salutaire du Karma. En étudiant soigneusement votre caractère et vos goûts, il vous sera facile de la comprendre. Consolez-vous ; ce n'est que pour une vie ; vous aurez encore, bien souvent, l'occasion de recueillir des succès... succès que, peut-être alors, ne désirerez-vous plus. En attendant prenez cette vie humble et cachée comme un moyen de développer en vous les vertus silencieuses de la douceur, de la patience et de la modestie.

Vous, ma sœur, qui semblez condamnée à la solitude, à l'isolement du cœur, cherchez à reconstituer un passé lointain où peut-être bien des visages ;amis vous souriaient, bien des affections s'offraient à vous, que vous avez repoussées, dédaignées... Vous avez fait saigner des cœurs, et maintenant c'est le Vôtre qui pleure, solitaire/affamé de tendresse. Portez courageusement votre lourd fardeau, ô ma sœur, — et n'oubliez pas que la grande famille de l'humanité vous tend les bras. Que de misères à soulager! que de cœurs à Consoler!... la mansarde, l'hôpital et la prison cachent tant de créatures émaciées et douloureuses qui relèvent la tête sous le rayonnement d'amour qui vient à elles. Quel que soit le but que vous choisissiez, que ce soit un but d'amour et de compassion! Et toutes les fleurs des affections humaines s'épanouiront dans votre existence prochaine.

Et vous, mon pauvre frère, chez qui les passions font échec aux aspirations spirituelles, vous qui pleurez sur vos faiblesses, baissant un front humilié, vous avez derrière vous, sans doute, des vies livrées à tous les déchaînements des sens et qui vous ont édifié des corps inférieurs, susceptibles de répondre à toutes les vibrations passionnelles. Mais ne vous laissez pas abattre et relevez la tête ; ne vous identifiez pas avec votre nature inférieure, luttez pied à pied avec elle ; rappelez-vous que chaque petit effort améliore vos conditions morales et mentales. Et s'il vous arrive de tomber, relevez-vous avec un nouveau courage, sans donner un temps inutile aux remords, les yeux fixés sur le but et tout votre être aspirant vers cette Ame divine qui est *votre véritable vous-même.*

Vous, ma sœur, qui étouffez dans votre confession religieuse comme dans une prison ; vous qui doutez, qui ne savez plus prier, vous qui appelez douloureusement la Vérité, sachez que, dans des vies anciennes, vous aviez connu des rayons de ce divin flambeau. Votre âme le sait — même si vous l'ignorez dans voire conscience physique, — et elle laisse filtrer en vous ses regrets et ses aspirations. Peut-être aussi, cette Vérité, l'aviez-vous méconnue, persécutée — ou aviez-vous passé près d'elle en fermant les yeux : ceci expliquerait les recherches passionnées et sans fruits de votre existence actuelle. Mais ne vous découragez pas : — à celui qui frappe sans cesse, la porte sera ouverte. Si, après avoir scruté toutes les religions et les philosophies contemporaines, vous ne trouvez rien qui satisfasse à la fois votre intelligence et votre cœur, venez à nous, ma sœur ; la Théosophie est la synthèse et la base de toutes les religions, et elle jette une clarté si vive, si lumineuse sur l'origine, la destinée et le but de l'homme, que vous y trouverez sûrement certitude, joie et paix.

Et vous, ô mon frère, vous qui, le cœur plein d'angoisse, songez sans cesse à cette pauvre humanité ; vous qui souffrez de toutes les misères que vous ne pouvez soulager, de toutes les plaies que vous ne pouvez guérir, de toutes les douleurs que vous ne pouvez consoler... vous savez maintenant qu'il n'y a pas d'injustice ; que le mal et la souffrance sont nécessaires à l'âme qui évolue ; que les expériences pénibles développent l'homme et que la souffrance le purifie. Vous savez que la roue de la .Loi divine tourne sans cesse, apportant à chacun le fruit de ses actions, bonnes ou mauvaises. Vous savez que le mal est temporaire, que le bien seul est éternel et qu'il triomphera infailliblement ; que l'évolution amènera tous les humains à la libération finale à la félicité. Vous savez, ô mon frère, que vous aussi avez passé par là, par cette fournaise des péchés et des afflictions, et que c'est grâce à ces dures leçons que vous êtes devenus l'être vertueux et pensant que vous êtes aujourd'hui. Ainsi vous ne les craindrez plus pour les autres, ces leçons ; et, le cœur plein de compassion, mais aussi plein de paix et de sérénité, vous bénirez Dieu et la Justice éternelle.

SURSUM CORDA !

www.ingramcontent.com/pod-product-compliance
Lightning Source LLC
LaVergne TN
LVHW051656080426
835511LV00017B/2606